Klinger | Die Zwillinge

Friedrich Maximilian Klinger

Die Zwillinge

Ein Trauerspiel in fünf Aufzügen

Herausgegeben von Alexander Košenina

Reclam

RECLAMS UNIVERSAL-BIBLIOTHEK Nr. 14051
2021 Philipp Reclam jun. Verlag GmbH,
Siemensstraße 32, 71254 Ditzingen
info@reclam.de
Gestaltung: Cornelia Feyll, Friedrich Forssman
Druck und Bindung: Esser printSolutions GmbH,
Untere Sonnenstraße 5, 84030 Ergolding
Printed in Germany 2025
RECLAM, UNIVERSAL-BIBLIOTHEK und
RECLAMS UNIVERSAL-BIBLIOTHEK sind eingetragene Marken
der Philipp Reclam jun. GmbH & Co. KG, Stuttgart
ISBN 978-3-15-014051-2
reclam.de

Personen.

Guelfo, Vater.	Herr Reinecke.
Amalia, Mutter.	Madame Reinecke.
Ferdinando, } Söhne.	Herr Lamprecht.
Guelfo, } Söhne.	Herr Brockmann.
Grimaldi.	Herr Schröder.
Gräfinn Kamilla.	Madem. Ackermann.
Doctor Galbo.	Herr Klos.
Bediente.	

Die Scene ist ein Landgut an der Tiber.

Erster Aufzug.

Erster Auftritt.

(Ein Zimmer.)

GUELFO. GRIMALDI. *(An einem Tisch mit Weinflaschen und ein Buch vor sich aufgeschlagen.)*

GRIMALDI. Guelfo. Du bist einmal wieder sehr wild ernsthaft geworden. Ich bitt' Dich, verscheuch diesen starren in sich nagenden Blick mit einigem Lächeln, das Deiner grossen Miene mehr Zierde giebt.

GUELFO. Still und trink! *(geht auf und nieder)*

GRIMALDI. Soll ich weiter lesen in Brutus Leben?

GUELFO. Nein, ich habs nun sehr genung. Laß mich das zusammenrechnen, was ich gehört habe. Caßius, Grimaldi! Caßius!

GRIMALDI. Du nennst ihn eben so oft, als Du sonst eine gewisse Donna nanntest. Gilt der mehr bey Dir, als Brutus?

GUELFO. Das glaub' ich. Was in dem Menschen lag! Oh! wenn Du mir jeden Tag einen solchen Charakter aufstelltest, Grimaldi! Du solltest der einzige Mensch seyn, den ich liebte.

GRIMALDI. Und ich wär' der einzige Mensch auf Gottes Boden, der am meisten litte. Ich zieh' mir den Brutus vor.

GUELFO. Ich fühl' den Caßius näher. Und Grimaldi, darauf kömmts doch an. Wie viel gewinnt der Mahler, wenn er mir ein Gemählde hinstellt, wofür ich den Spiegel in mir habe. Mir gehts in allen Fällen so. Ich kann eigentlich den nur recht durchschauen, ganz meinem Herzen nachfühlen und bestimmen, der am meisten mit mir übereinkömmt; der meine Seele so trift, daß ich gleich das Reißbley nehmen möchte, ihn lebendig hinzuwerfen. Deßwegen gewinnen bey mir Dichter und Geschichtschreiber so selten. Hu, hagrer Caßius! Mir ists, als stieg er vor mir auf. Ich werd' diese Nacht unruhig schlafen.

GRIMALDI. Ich will Dir mehr lesen.

GUELFO. Das thu' doch! Den Pyrrhus.

GRIMALDI. Wenn Du mir nur nicht so bang' machtest! nicht so oft im ängstlichen Schlummer fürchterlich träumtest und riefst!

GUELFO. Wen ruf ich, Grimaldi?

GRIMALDI. Ferdinando – wie man einen Todtfeind ruft.

GUELFO. Ha! da! meinen Bruder! Grimaldi, nimm den Stammbaum, streich seinen Namen durch, und denn reiß ihn hier weg. Trink dem Caßius zu! Ich wollt' ihn mahlen, den hagren Caßius!

GRIMALDI. Das wollt' ich auch.

GUELFO. Du? wenns Juliette wäre.

GRIMALDI. Guelfo! nur diesen Namen nicht, wenn Du meine Augen trocken sehen willst.

GUELFO. Du wolltest den Caßius mahlen? Wie machtest Du das?

GRIMALDI. Ich wollte Ferdinando rufen – den Guelfo ansehen, fest, ohne Zittern, das einen Furchtsamen, wie mich, viel kostet; wollte diesen Blick nehmen, diese Farbe, diese lebenden Muskeln – he, Guelfo?

GUELFO. Willst Du mich stolz machen? Trink, Grimaldi! Wacker! *(trinken)* Ich trink zeither gern. Der Wein ist doch gut?

GRIMALDI. Sehr gut, wenn Du freundlich siehst.

GUELFO. O Grimaldi, wenn der Wein nicht wäre! Ohne ihn hätts das wilde ungestüme meines Herzens lang' mit mir zu Ende gebracht. Ich kanns mit nichts so gut unter mich bringen, als wenn ich mich nach und nach in Schlaf trinke. Und Grimaldi, das sind meine besten Stunden, die vorhergehen; wenn der süsse Geist des Weins meine Nerven einschmeichelt, sich der milde Geist auf mich herabläßt, und mich mit seinen sanften balsamischen Fittigen deckt. – Laß ihn sprudeln! Unter mich, Teufel! *(trinken)*

GRIMALDI. Es ist ein herrlicher Trunk; aber, Guelfo, mich macht er düsterer und trauriger. Nu seine Wirkung in Betracht Deiner?

GUELFO. Recht, Grimaldi. Ja, wenns auch immer so bey mir ginge. Aber selten, selten! O es hitzt mein Blut zu oft, und treibt mir die Würggedanken mit einem Feuer durch die Adern, daß sie schwellen, und mir für mich selbst bange machen. Wenn mir so dieß und jens unter dem Trinken einfällt, wobey ich denn gewöhnlich schneller trinke, endigt sichs zu oft mit einer Wuth, die Blut heischt – Laß nur! wir wollen ihr schon noch zur Gnüge geben!

GRIMALDI. Steh' uns Gott bey! wenn Du so bist. Kaum sinds acht Tage, schmißt Du mich an Boden, daß meine Gebeine zusammen rasselten. Und das blos, weil Deine verkehrtstehende Augen einen andern in mir zu sehen glaubten. Und wenn ich der Schreckscene gedenke –

GUELFO. Was ist das? Eine Schreckscene? ich hör' gern' so was.

GRIMALDI. Als Du den Della Forza durch die Lunge schossest, um seine Marter zu verlängern.

GUELFO. Sieh' da! das hätt' ich fast vergessen.

GRIMALDI. Nu, wer auch das vergißt!

GUELFO. Ich verbitte mir alle Bemerkungen. Erzähl' mirs, es thut mir gut itzt. Noch so weiß ich, wie er die Augen drehte, und sich in Staub wälzte. Was hatt' ich doch mit ihm?

GRIMALDI. Das erste war, daß er Deinen Bruder bey dem Herzog herausstrich – Du wirst zu ernsthaft.

GUELFO. Trink und red' fort, ohne Dich um mein Gesicht zu kümmern.

GRIMALDI. Daß er Deiner nicht mit einem Worte dachte, ob Du schon in der Antichamber standest, und alles hören konntest.

GUELFO. Itzt fällt mirs nach und nach wieder ein. Ha! das hetzte mich grimmig.

GRIMALDI. Das zweyte war, daß der Herzog Deinen Bruder allenthalben zu haben suchte, und, noch mehr, ihm die reiche und schöne Gräfinn Kamilla verschafte, die er nie kriegt hätte. Guelfo! Guelfo! faß dich! Kamilla, die der rauhe Guelfo liebte, die der süsse, empfindsame, kluge Ferdinando wegschnappte. Ein herrliches Geschöpf, die Kamilla! Sie soll leben!

GUELFO. O Grimaldi! Grimaldi! Du thust meinem Bruder trefliche Dienste. *(drückt ihm die Hand und umfaßt ihn)* Erzähle weiter!

GRIMALDI. Nur schone mich mit Deinen Liebkosungen; ich bin zu schwach, in Guelfos starkem Arm zu liegen. Zu Venedig küßte Della Forza Gioconda; Du verbotst es ihm, er thats doch –

GUELFO. Begegnete mir höhnisch, und ich knallt' ihn nieder. Die Geschichte that mir damals sehr gut. Sie wickelte mir die Galle los, die mich nach und nach erwürgt hätte. Trink, Grimaldi! Deine Augäpfel ziehen sich ja schon mächtig in die Länge.

GRIMALDI. Und hier der aufgeworfne Zug an Deinem Munde schwillt grimmig. Deine Augenbraunen senken sich noch tiefer – Du wirst immer mehr Caßius.

GUELFO. Schwinde immer mehr zusammen, und mein Bruder reitet auf dem Adler über mich hinaus. Aber herunterreissen will ich ihn, will ihn im stolzen Schwung haschen, und niederschmettern! Kriechen soll er bey der Erde, und ich will schweben! Zittre, Grimaldi! und ich will Dich packen, dürres Geripp! Dich an Boden schmettern! Blaß sollt ihr alle stehen, bricht Guelfos Zorn los, der mich hinreißt, wie der hohe Sturm. Weg dann! ich bin nichts, nichts! schlag auf mein Herz – und nichts! Wenn ich seine Titel hinschreibe, schmier ich einen Bogen voll. Schreib ich mich gegen über, heißts – Ritter Guelfo, mit einem Einkommen von 500 Ducaten. Hörst Du, Grimaldi! hier die grossen Excellenzen, die Gouverneurs, der Herr von des alten Guelfos fetten Gütern. Nicht so viel Land ist mein, als ich mit meinem Degen übermessen kann. Und warum denn nun? Grimaldi, warum hab' ich nichts, und er alles? Suchs in Deinem Gehirn auf, bleicher Strudelkopf!

GRIMALDI. *(geht ans Clavier und spielt wechselsweise einige sanfte und starke Passagen.)*

GUELFO. Dich und Dein Instrument in die Tiber, Schwärmer! Was willst Du mich locken, daß meine Seele auf diesen Saiten schwebe? Daß ich den Guelfo vergesse?

GRIMALDI. *(spielt wie oben)*

GUELFO. Grimaldi! starke, dumpfe, rasche Töne! Meine

Nerven zittern einen Ton, Deine Saiten springen, wenn Du ihn anschlägst. Hör' auf! Wirf mich nicht so nieder, Grimaldi!

GRIMALDI. *(endigt stark)*

GUELFO. Diesen Ton verstund ich.

GRIMALDI. Brutus, du schläfst! Brutus, du schläfst! riefen alle, und trafen Brutus Geist, schriebens ein mit Feuerflammen. Caßius rief auch: Brutus, du schläfst! Brutus überdachts bey Donner und Blitz, es reifte, Cäsar lag.

GUELFO. Ha, mein freundlicher Grimaldi? Dieß ist die Erklärung Deiner letzten Töne? Was solls heissen?

GRIMALDI. Du verstehst mich, Guelfo! Es soll wenig heissen; so viel, wenn Du doch willst – Guelfo, ich weiß selten, was ich selbst will – Nun dann! Nimms so! Guelfo, schweb' auch! es breite sich Dein starker Geist aus, heb' sich über ihn! Jag mit dem Bruder zum blinkenden Ziel! was kömmt auch drauf an, wenn Du ihm im Ringrennen ein Bein unterstellst, daß Du hoch am Ziel schwebest! That ers doch auch, und oft, oft! Aber nur die Nase muß er sich blutig fallen, Guelfo, mehr nicht; sonst wärs unbrüderlich. Mehr nicht, und Du schwebst oben! Ha, mein Guelfo, Du schwebst, der Wein blinkt! Siehst Du, Guelfo – auf mich wollte einstens ein ungeheurer Berg stürzen, ich hatte noch Stärke und frohen Muth, ich faßte ihn an der Wurzel, schob ihm ein Sandkorn unter. Er stund, drohte, und stund. Ich hatte Glauben, Guelfo! Wenn Du Glauben hättest – oh! mit der schwarzen Melancholie und der traurigen Phantasie, die mich zerarbeitet! Ich schwitze und schrumpfe zusammen – Guelfo! Ritter Guelfo!

GUELFO. Grimaldi, Dein Herz liegt mir über verschiedne Punkte verdeckt. Aber herausreissen will ichs, wies in

Deinem Innern liegt. Aufgedeckt will ich lesen, ob das blosse Racketten sind, die nur manchmal beym Wein aufsteigen, und zerknallen; oder ob das Festigkeit, Grösse und Entschluß ist? Itzt siehst Du wieder so kleinlaut – trink! trink!

GRIMALDI. Guelfo, Dir fehlt nichts, als Glauben an Dich, und Du bist ein gemachter Mann, der alles mit Gewalt nach sich zieht. Sieh, ich bin ein zusammengedrückter, gewürgter Wurm, der sich kaum aufwenden kann, so haben ihn Menschen in Koth gestampft, wohin er sich wandte. Und das all ist so scharf durch meinen sonst emporschwebenden Geist gefahren, hat so unedel alle grosse Triebe verschlungen, und das Feuer verkältet, daß mit mir nichts anzufangen ist. Oh Guelfo! es war eine blühende Zeit – ich kann itzt nichts, als mein Herz nach und nach aufreiben, und hassen mich und alles. Für mich ist Natur und Leben todt, weil man mir den Sinn dafür unfreundlich tödtete. In meinem Leben möcht' ich mich an Einem rächen, mich dann in mein Kissen hüllen, und mit Wollust sterben. *(sieht durchs Fenster)* Dort kömmt eine Chaise her!

GUELFO. Es wird der Doctor Galbo seyn, ich ließ ihn rufen.

GRIMALDI. Hast Du noch nichts entdeckt? – Adieu, Ritter Guelfo! Der traurige Mantel der Melancholie hat sich um mich geschlungen, ich will weinen. Adieu! Gib mir Deine Hand! Adieu!

GUELFO. Mensch! Mensch! Du machst mich rasend mit Deiner Zweydeutigkeit. Merk Dir das! Wo ich Dich erwische, will ichs aus Dir herausziehen, und hingen die Gedanken mit Hacken in Deiner Seele. Du sagst zu viel und zu wenig.

GRIMALDI. Ich schlaf die Melancholie weg. Und dann ruf ich diese Nacht, wie Caßius – Brutus, du schläfst! *(geht ins Nebenzimmer)*

GUELFO. Was hilft das nun all, wenn ich mir mit geballter Faust vor die Stirne schlag' und mit den Winden heule – droh' und lerme, und bey alledem nur Luftschlösser, Kartenhäuser baue! Der Junge wird gekos't, geleckt, geliebt, von Vater und Mutter, und ich steh' allenthalben in der Rechnung ein garstiges Nichts. Guelfo! Guelfo! – Nichts lautet närrischer, als wenn ich mir selbst rufe. Guelfo! He dann, Guelfo! *(stampft)* Mein Blut wird heiß, mein Zorn drängt sich hervor.

Zweyter Auftritt.

DOCTOR GALBO, *(klopft an)* GUELFO, *(hernach)* GRIMALDI.

GUELFO. Näher! Näher!

GALBO. Wie befinden sich Eure Gnaden? Ich bin sehr erschrocken über die eilige Botschaft.

GUELFO. Zu viel Hitze, lieber Doctor! Zu viel Hitze!

GALBO *fühlt den Puls.* Unruhig, unruhig, sehr unruhig, gnädiger Herr! Aber ists Wunder? Hier die Flaschen, und gewiß erst von der Jagd?

GUELFO. Davon mags kommen; ich verfolgte ein Reh zu hastig. Setzen Sie sich doch. Ich hab letzthin über etwas mit Ihnen gesprochen – Wär mir nicht zu Kühlung zu helfen?

GALBO. Ich will gleich etwas aufschreiben.

GUELFO. Gut denn!

GALBO. *(schreibts und giebts ihm)*

GUELFO. Doctor, hier – nehmen Sie diesen Wechsel.

GALBO. Gnädiger Herr!

GUELFO. Ohne Umstände! – Donner! was zaudern Sie? Sie wissen, daß ich das Gezier nicht leiden kann. Umsonst geb' ich nichts!

GALBO. Sanfter, gnädiger Herr! So legt sich die Hitze nicht.

GUELFO. Lassen Sie mich mit dem Geschwätz! – Doctor!

GALBO. Was befehlen Sie?

GUELFO. Ich fragte Sie schon einigemal, und nun – Sie waren bey der Niederkunft meiner Mutter; nicht wahr?

GALBO. Das war ich – die schrecklichste! Ich glaubte nicht, daß es die gnädige Gräfinn überleben würde.

GUELFO. Denn sagen Sie mir schnell – hören Sie? so schnell, wie ich frage – wer von uns beyden erblickte zuerst das Licht? Guelfo oder Ferdinando?

GALBO. Das kann ich nicht sagen.

GUELFO. Doctor!

GALBO. Es ging so ängstlich, so schrecklich, und in der Sorge für die Gräfinn, für die Kleinen, trug sichs zu –

GUELFO. Heraus mit, oder ich pack Sie an der Brust, und drück' Ihnen das letzte Wort mit dem letzten Hauch heraus! He dann, bey meinem Leben! es wird Licht – Fort!

GALBO. Sie waren beyde da, und man wußte nicht, welches der Erstgeborne war. Aber aus sichern Zeichen –

GUELFO. Behalten Sie den Wechsel, und gehn Sie! Fort, Doctor! Weiter brauch ich nichts. Und wenn Sie vor der Hand ein Wort – verstehn Sie mich?

GALBO. *(ab.)*

GUELFO. Grimaldi! Grimaldi! – Ha! was schüttelst du, Feuer? was reißt du in mir? Haben sie? Still! still! Laß mich zu mir kommen, und treib mich zur Raserey! Grimaldi! o ich will alles zerreissen! Vater! Vater! Mutter! ich will euch ausstreichen! will euch ausstreichen, euch bis aufs letzte Fäserchen aus dem Herzen reissen! Grimaldi!

GRIMALDI. *(kömmt.)*

GUELFO. *(faßt ihn an der Brust)* Sieh mich an, Grimaldi! Sieh mich an, und häng an meiner Stirne! Zweifelst Du, ob ich der Erstgeborne bin? Zweifelst Du?

GRIMALDI. Guelfo, ich hab' alles gehört; mich warf ein dumpfes Gefühl herum, daß ich nicht schlafen konnte. Donner und Wetter! steh da, Guelfo! *(führt ihn an den Spiegel)* Dieser Blick! dieses Wesen! diese sich ausbreitende Menschenbeugende Gluth im schwarzen, grossen, rollenden Auge! – Guelfo! Du bist für ein Königreich geboren. Eine weissagende Gottheit, mein Genius sagt mirs. Guelfo! Du bist Ferdinandos Bruder nicht. Ha! Wie kamst Du unter das Geschlecht dieser Schwachen? Du bist vertauscht! O Du bist so nicht geboren! Sieh Dich an, königlicher Guelfo! Hast Du nicht den verzehrenden Königsblick? Schlag mir vor die Stirne, wenn ich lüge! Mit diesen Empfindungen, mit diesem Denken, wie kamst Du unter sie? Sieh Dein Bild! Sieh Dich! Edler! Edler! Guelfo! Guelfo! Guelfo!

GUELFO. Grimaldi, mich reißt ein Gedanke hin – meine Seele schwirrt blutig von Vorsatz zu Vorsatz; und der Rachgeist läßt sich schwarz vor mir nieder, und hascht mein Herz. Ha! laß mich fest stehen! Laß mich einig werden! Hörtest Du den Doctor? Man wußte nicht, welcher es wäre, weil man nicht wissen wollte! weil seine heuchlerische, sanfte Miene schon damals der Ältern

Herz an sich bannte! Mein starrer Blick riß schon damals ihr Herz von mir. Ha dann, Heuchler! ich will dich lehren! Herausgeben sollst du mir die Erstgeburt, herausgeben sollst du mir Vater und Mutter, herausgeben sollst du mir alles; oder ich will dich würgen, wie Kain, und verflucht, den Mord auf der Stirne, herumirren.

GRIMALDI. Lieber Guelfo, nicht so!

GUELFO. Mit mir Esaus Geschichte zu spielen, noch eh' er stammlen konnte! Kos't den Knaben! kos't ihn fort! schließt ihn in die zärtlichen Arme! Herausreissen will ich ihn! Ihr stahlt mir alles, und gabt's ihm, weil ihr meinen Geist nicht fassen konntet. Grimaldi, als Knabe ward ich in Schatten gestellt, und er ans Licht gezogen; ihm alles doppelt gegeben, mir einfach. Fein ging man mit Heuchler Jacob um, und stieß den rauhen Esau weg. Wie denn? warum denn?

GRIMALDI. Was drängt sich auf in Dir?

GUELFO. Tausend Bilder des Vergangnen. Wie er alles hatte! Kriegten wir Spielzeug, Zuckerbrodt, das Beste hatt' er. Und so mit allen Dingen, wie wir heran wuchsen. Um ein junges neapolitanisches Hengstchen flehte ich einstens, lag zu des alten Guelfos Füssen und netzte sie. Nichts! Ferdinando hatt' es, ob er sich schon nicht im Sattel halten konnte, und blutig zurückkam. Da wollt' er mirs geben; aber nieder stieß ich den flüchtigen Springer im Grimm. Da kreuzigten sie sich. Und nun dann, Grimaldi! alle Güter, alle Besitzthümer ihm! mir 500 Ducaten Apanage – das all, weil man nicht wußte, nicht wissen wollte –

GRIMALDI. Du bist des alten Guelfos Sohn nicht. Du bist ausser dem Bette gezeugt. Hat er einen Zug, ein Fäserchen am Leibe, wie Du? Guelfo!

GUELFO. Nun denn, heraus will ichs haben! Hörst Du's brüllen? Heraus will ichs haben! Ich will meine Mutter in die Enge treiben, und bekennen soll sie! Ha! wie sie mich ausstiessen, auf Reisen jagten, er mir mittlerweile diebisch des Vaters Gunst, Herz und Güter stahl! Grimaldi, diese Nacht will ich wachen, alle Umstände zusammen ziehen, will alles deutlich sehen! Es ist hell, wie die Wahrheit. Aber reitzen will ich meine Galle, mein Blut jagen, will sie alle hassen lernen! O wie mir alles glühend einfällt, daß sies immer vorhatten! Dieser Umstand und dieser – ich wills zusammenziehen, und der Auswurf soll blutig ausfallen! Guelfos Erster ich! Hörst Du, wie die Wahrheit aus dem Echo zingelt: Guelfos Erster Du! – Grimaldi, wie wärs möglich? Sag' nur! red' nur!

GRIMALDI. Was weiß ich von! Mich ärgert nichts, als daß Dir mitgespielt ist.

GUELFO. Martre mich nicht! Ich sehs, wies aus Deinem bleichen Gesicht, aus Deinen stieren Augen herausblickt. Haß'st Du ihn nicht? und möchtst ihn haben, hinzuschleudern das Leben Deines Mörders?

GRIMALDI. Guelfo! es kann mich einer beleidigt haben, ich kanns ihm vergeben haben. Noch einmal, was mich ärgert, ist, daß Du zur Eiche aufgewachsen warst, nun da stehst, ein kleines dürres Bäumchen am Wege, für das der Bettler eben so wenig Ehrfurcht hat, als der Grosse, Dich anstößt, und jeder sich ein Sprößchen abbricht, daß Du kahl da stehest. Du allein hättst Dein Haus in vorige Aufnahme gebracht durch Deine Tapferkeit. Und wie viel würde gefehlt haben, wenn Du Kamilla geheyrathet hättest, Du hättest Dich mit Deinen und ihren Gütern zum Herzog aufgeschwungen; dann brav gearbeitet – Guelfo! ein Mensch mit diesem Sinn, mit dieser Festigkeit, mit dieser niederwerfenden Gewalt – Ich möchte rasend werden! Der Welt einen Mann zu stehlen, an dem sie sich geweidet hätte, wie an einer neuen Erscheinung! Ich muß aufhören; mich faßt eine üble Laune, und ich möchte Dir rathen, möchte – was will das auch! – Mich friert's, und 's läuft mir kalt durch die Adern. Ich fürchte krank zu werden über mein Elend und diese Nachricht. Guelfo! daß wir so hingestreckt sind! – Laß mich los! ich rede nichts mehr.

GUELFO. Und was brauch' ich denn alles das? Fühl' ich mich nicht, und weiß, wozu ich geschaffen bin? und weiß, wie man sich an mir versündigt hat? Grimaldi, ich würde mich selbst niederstossen, augenblicks, wenn mir das nicht grimmig zubliese. Was denn? Mein Vater? meine Mutter? Sind sies? Laß das nur, und spar Dein wenig Othen, daß Du fortlebst; ich wills schon drehen.

GRIMALDI. Nu meintwegen! Wers gut treibt, der hats gut! sagte mein Vater, und schickte mich mit 100 Ducaten in die Welt. Und weit wär ich mit kommen – Guelfo, wenn Du einmal kalt bist, will ich Dirs erzählen.

GUELFO. Geh nur, ich brauchs nicht. Wenn Du mir begegnest, laß das die Losung seyn: Guelfo, du schläfst! Diese Nacht will ich viel mit Dir reden.

GRIMALDI. Ein Wort noch! Nimm alles zusammen! sieh Dich an! sieh Dich an, Guelfo, ob Du sein Sohn bist? Halts zusammen, ob ihr Zwillinge seyd? Mir ist vieles dunkel noch bey der Geschichte, und ich bin so wenig aufgelegt, klar zu sehen – Der Tod hat sich längst um meine Gebeine gehängt; loßreissen werd' ich ihn dießmal nicht. Und finstres Denken, mein beleidigtes zerstoßnes Herz – Dieser Blick ist gut, Guelfo! Fahr fort! Bey alledem möcht' ich Ferdinando kein Haar krümmen. Verfahr gut, habs gut! Ich wollte, die Nacht und alle Nächte wären um.

GUELFO. Was ich worden wär! was ich worden wär! Guelfo, wie hat man schon bey deiner Geburt gearbeitet, dich zu ersticken! Und wenn ich mich anseh, anfühl, mein Muth hervor bricht – Fieberhafter Grimaldi, Du streichelst die Tropfen von der Stirn, und mißt mich mit den Augen – staunst, wunderst Dich, ziehst die Augenbraunen –

GRIMALDI. Einen grossen Menschen in einem kleinen zu sehn. – Man kömmt! Guelfo! *(ab)*

Dritter Auftritt.

AMALIA. GUELFO.

AMALIA. Guelfo! mein Sohn!

GUELFO. Mutter, Dein Sohn?

AMALIA. Bist Du krank, mein Guelfo?

GUELFO. Nein! nicht!

AMALIA. Ich hörte, Du hättest den Doctor kommen lassen, und lief ängstlich nach Dir. Was ist Dir?

GUELFO. Nichts! Nichts!

AMALIA. Wie, mein Sohn? Deiner Mutter keinen Liebesblick?

GUELFO. Ha, meine Mutter! Mutter! Mutter und meine Mutter! Ich hab der Liebesblicke keinen. Kennen Sie den Guelfo? – Oh! ich bitte, mit all' dem Kosen und Streicheln lassen Sie mich! Meine Wangen sind der milden sanften Hand der Mutter ungewohnt.

AMALIA. So sollst Du diesen Kuß haben! Sollst ihn aufgedrungen haben von der Mutter Lippen, mein wilder Sohn Guelfo! Wehr dich nicht, Guelfo! und diesen, und diesen, mit all' der Liebe der Mutter!

GUELFO. Wie, Mutter? Sie irren sich. Meine Lippen sind nicht sanft, meine Stimme klingt nicht süß, ich bin nicht weise, bin der rauhe Ritter Guelfo.

AMALIA. Und auch der liebe Guelfo. O mein Guelfo, sieh freundlich, sieh gut, mach unsre Freude laut und vollkommen! Warum läßt Du uns so unfreundlich? *(faßt ihn an der Hand)* Sieh, Guelfo, ich könnte Dir itzt viele Vorwürfe machen, daß Du uns fliehst, daß Du immer ausser Hause bist, und, wenn Du zurück kömmst, Dich einsperrst: und ich und Dein Vater weinen über Deine rauhe Gemüthsart Tag und Nacht. Aber, ich wills nicht thun, mein Guelfo! will das all dulden, wills mütterlich dulden! Du wirst Dich ändern. Nicht wahr, Guelfo? Du wirst milder?

GUELFO. Ja denn! ich werde milder! Lassen Sie mich! Noch einmal, Ihr Kosen ist meinen Wangen unbekannt.

AMALIA. Du stößt meine Hand weg! Guelfo! stößt Deine Mutter weg!

GUELFO. Weine! weine! klage! taumle zu Deinem Ferdinando! He, Mutter? *(faßt ihre Hand.)*

AMALIA. Drück' mich hart, starker Guelfo! Deine Hand ist männlich; schone der weichen Hand der Mutter nicht, wenns der Druck der Liebe ist.

GUELFO. Ja, der Druck der Liebe, und der Druck – Was nun, Guelfo?

AMALIA. Da fiel eine dicke, volle Thräne herunter. Ha, Guelfo!

GUELFO. Es ist meine nicht.

AMALIA. Lüge nicht, mein Guelfo! Laß sie Dein seyn! Ich sah sie auf Deinem Auge zittern. Laß sie mich wegküssen! Wenn der Mann, wie Du, weint, fühlt er tief. Nicht, mein Guelfo? Du liebst Deine Mutter, die Dich so sehr liebt, die Tag und Nacht seufzt, und betet, Du möchtest gut seyn, und Liebe erwiedern? Mein starker Guelfo, laß mich an Dir ruhen! Du hast mir viel Liebes gethan die Stunde, hast mir viel Liebes gethan Dein Leben durch.

GUELFO. Mutter – was haben Sie mit mir vor?

AMALIA. Lieber Guelfo, wenn meine Liebe Dich nicht schützte – o Dein Herz schlägt stark! Schlägts der Mutter?

GUELFO. Weiß ich das? wenn mich Ihre Liebe nicht schützte –? nun? –

AMALIA. Dein Vater wird jeden Tag mehr aufgebracht. Täglich kommen Klagen wegen Deiner. Oft wollt' er Dich aufsuchen, Dirs vorhalten im Grimm. Ich schlung mich um ihn, hielt ihn, log – heut erst noch –

GUELFO. Mag er kommen! Guelfo kennt sich und seinen Vater. Weib, Du hättst mich nicht gebären sollen! Ich war kein Knabe für Euch, bin kein Mann für Euch! Erwürgen hättst Du mich solllen! erdrücken in der Wiege, daß ich nicht aufgewachsen wäre, der Löwe Guelfo! Ich hab' Muth, Feuer, Geist, Stärke – und habt mich niedergeschlagen bey der Geburt! Ha! bin ich aus dem Hause der Guelfen? – Nicht, Weib? Du gebarst den Ritter Guelfo, daß er Spott sey? Deine sanften Hände wären damals stark genug gewesen, mich zu würgen. Schling sie um mich! Du kannst Guelfos Nacken nicht umspannen; und doch, wenn Du mir den Dienst thun willst, halt' ich still.

AMALIA. Guelfo! mein Sohn! mein Sohn! erbarm' Dich Deiner Mutter!

GUELFO. Und wer erbarmt sich meiner, der ich gefoltert werde von bösen Geistern innig? Wer erbarmte sich meiner von je? Mir? mir? des Guelfo?

AMALIA. Angst! Angst! – Dein Vater kömmt. Berg' Dich hinter die Liebe Deiner Mutter, wenn er zürnt.

GUELFO. Still, Mutter!

Vierter Auftritt.

ALTER GUELFO. VORIGE. *(hernach)* EIN BEDIENTER.

AMALIA. *(zum Vater)* Guelfo, Dein Sohn ist gut und sanft. Ich versichre Dich, der Ritter war nie so lieb. Komm, lieber Guelfo, Du sollst sehen, daß man dem Ritter viel Unrecht thut. Er ist ein herrlicher Junge, unser Guelfo, ein tapferer Ritter, dem keiner steht. Sieh ihn an, Vater! Hast Du Einen in Italien gesehen, der ihm gleicht? Ein bischen wild ist mein Guelfo; aber das giebt sich: und Tapferkeit, sagt man, ist wild. Nicht, mein Guelfo?

ALTER GUELFO. Das wär was! Nun denn, Ritter, wende Dich zu mir! Gib mir Deine nervigte Hand, Sohn! Denk' immer, daß Du ein Sohn des berühmten Guelfo bist, das ich Dir nicht genug sagen kann! Denk, daß wir viele Feinde haben; Deine Faust kann sie schrecken, denn Du bist fürchterlich berühmt im Streit. O mein Ferdinando! mein Guelfo! zwey starke Pfeiler meines beneideten

Hauses, auf denen der Alte in Friede ruhen kann, fest und geschützt. Meine Ärndte in Krieg und Vertheidigung ist gethan; ich habe mich hingestreckt, träume meine Jugend, und seh' Euch zu. Da stehen sie, Guelfo ein Felsen im Meer, und Ferdinando, der mehr durch Klugheit gewinnt, weil er stiller ist, reifer überlegt, und seinen Vortheil absieht.

AMALIA. Und Guelfo?

ALTER GUELFO. Wenn Du edel bist, Guelfo, Deine Wildheit zum Guten lenkst, Deine Tapferkeit von Ferdinandos Klugheit leiten läßt, soll unser Haus bald ein Herzogthum blühen. He, Guelfo?

GUELFO. He, Guelfo!, He, Herzog Ferdinando! He, Guelfo!

ALTER GUELFO. He, Ritter Guelfo!

AMALIA. He! Freude! Und mein starker Sohn Guelfo noch General! Das muß er werden. Hat er sich nicht rechtschaffen gehalten, daß ihn alle neiden? Trägt er nicht eine grosse Wunde unter dem Orden, die ihn mehr ziert, als der Orden? Noch einmal, ein herrlicher Junge, mein Guelfo, wenn er seine Mutter liebt, und still ist!

ALTER GUELFO. Amalia, ist das des Kind's Blick? Es kocht was in ihm! Sieh den Drachenblick! Guelfo!

AMALIA. Geh doch! laß doch! Wer weiß, was dem Guelfo ist! Er ist krank.

ALTER GUELFO. Nein doch! Ich muß sehen, wie sich Leidenschaften bey meinen Kindern zeichnen. Was beißt er die Zähne? was zieht er die Faust zusammen? was wölkt sich die Stirne? So steht man vorm Feinde. Mann, Dein Gesicht gefällt mir nicht.

GUELFO. Dann gebt mir eine Larve!

ALTER GUELFO. Ha! Das ist die schändlichste Larve, die Du itzt trägst.

AMALIA. Er ist krank, sag ich, es schmerzt ihn was. Geh doch, Guelfo! Reit dem Sohn und der Braut entgegen! Geh doch! ich will ihn sanft machen, er ist gar willig, wenn ich allein um ihn bin.

ALTER GUELFO. Nein doch! Guelfo! sieh Deines Vaters Angesicht – Blickt' ich Dich so an, du solltest mich hassen. Was soll ich thun?

GUELFO. Den Guelfo hassen, wie Du thust.

ALTER GUELFO. War das Guelfos zweyter Sohn?

GUELFO. Guelfos Narr!

AMALIA. Guelfo, geh doch! Laß es hiermit! Guelfo wird gut; Du weißt, daß das seine Krankheit ist.

ALTER GUELFO. Fluch Dir, Guelfo! wenn Du so siehst.

GUELFO. Fluch mir! wenn ich anders seh.

AMALIA. Segen Guelfo, wenn er noch wilder sieht. Hinaus, Alter! Will keiner gehen? Beyde heiß, wie Feuer! Vater! Sohn! He da! ich schwaches Weib will Euch Wütende abhalten. Wart! ich will meine Schnürchen abreissen, und Euch anheften, weit von einander. Ich bin ein schwaches Weib, will mich an Dich hängen, Alter! Keiner soll des andern Stirne sehen. He Guelfo! *(wirft ihm ein Tuch aufs Gesicht)* ich will Dein wildes Gesicht decken, das ihn erzürnt. Blickst mir doch gut zu, mein Sohn!

GUELFO. Laßt es! Seyd getrost, Mutter! Ihr sollt des Guelfos los werden, den Ihr zu Grunde gerichtet, den Ihr bey der Geburt zu Grunde gerichtet habt!

ALTER GUELFO. Ein böser Geist redet aus Dir! Du hast den Würgteufel, der Vater und Mutter nicht schont. Die Sorge für Dich riß mich von den Feinden, als ich den erfochtenen Sieg nutzen wollte. Du bist mein Sohn nicht.

GUELFO. Sagt das noch einmal, ich bin Euer Sohn nicht.

ALTER GUELFO. So nicht.

GUELFO. Los von Vater! – Mutter, bin ich Dein Sohn?

AMALIA. Mein Sohn? Still! still! Ihr endet mit mir!

GUELFO. Ha dann! von Euch beyden los! entsagt! Hast Du noch etwas, berühmter Guelfo? – Ich habs gehört, und das zittert mir in der Seele – Ich bin Guelfos Sohn nicht! Gott, du hasts gehört! Ich bin Guelfos Sohn nicht. Ich habs gehört, wie Guelfos Fluch den Bastard Guelfo traf. *(kniet)* Hier knie' ich und schwör Dir ab – schwör Dir ab, ich bin Dein Sohn nicht, grauer Guelfo! bin Dein Sohn nicht, sanftes Weib! Nun dann! ich ziehe mein Schwerdt, und beginne den Schwur – Ich armer Ritter Guelfo – laßt Eure Thräne nicht um mich in Staub fallen! mischt sie mit Ferdinandos Freudenthränen! – Ich armer Ritter und Bastard –

ALTER GUELFO. *(indem sie ihm beyde um den Hals fallen)* Du bist mein Sohn! mein lieber Sohn.

AMALIA. Du sollst mein Sohn seyn, und wenn Du mir das Herz noch mehr bluten machtst! und wenn Du mir den bittern Todeskelch reichtest! Du bist mein Sohn! mein Guelfo! den ich unter meinem Herzen trug, ihm freudig entgegen weinte, eh' ich ihn sah! bist mein Guelfo!

ALTER GUELFO. Tausend väterlichen Segen für den zu raschen Fluch, mein Sohn! Sey Deines Hauses Zierde!

GUELFO. Ihr spielt mit mir – mißbraucht mich! Wohl dann! ich will's seyn – kann ichs seyn.

AMALIA. Laß Du die Thränen fallen vom Aug', alter Guelfo! Sie zieren Dich. Und laß sie uns mischen mit Freudenthränen! O Guelfo, sey der Mutter Lust! – Sagt' ich Dir nicht, der Ritter ist gut; Du kennst ihn nicht, wie ihn die Mutter kennt. Sieh gut, Sohn! *(Während daß Amalia spricht, bringt ein Diener dem alten Guelfo einen Brief, er liest)*

ALTER GUELFO. Erschrecklich! Ich hab' Dir meinen Segen geben, ich hab' Dir meine Thränen geben – und da – und da – lies! lies! – Was zitterst Du, Weib? Hinaus! ich will Dich hinaus stossen – und da –

AMALIA. Und da ist mein Sohn, der soll mich schützen für Guelfos Grimm.

ALTER GUELFO. Und er hat den Mann gepeitscht, daß er auf den Tod liegt – den Mann, der seinen vielen Kindern Brodt gab. Er hat sie hingebracht, Hungers zu sterben! zu laufen in die Wildniß! Ich gab ihm meinen Segen, weinte ihm meine Thränen. Ha! ich will meine Augen ausreissen, weinen sie noch einmal über Guelfos zweyten Sohn! Hast Du gelesen?

GUELFO. Ich thats; ja doch, ich thats. Ich schüttle mich, und Guelfo nehm seinen Segen und trag' ihn über Ferdinando! Verdient das Fluch? Ich peitschte meinen Pachter, weil er mir das Reh stahl – das schönste Reh im Forst; peitschte ihn, weil er meinen Hund stach, daß er starb. Wer will Rechenschaft?

AMALIA. That er das?

GUELFO. Ob ers that? Lügt Ritter Guelfo? – Wart einen Augenblick, alter Guelfo! *(sucht im Schreibtisch)* Hier ist die Abtretung des Guts; und so zerreiß ich sie. Nimms nun, gibs dem Erstgebornen! Hier hast Du Deinen Segen; gewirkt hat er noch nichts. Nimms, nimm alles! Hier steh' ich ohne alle Ansprüche. Nimm, daß ich kahl werde! He da! Ritter Guelfo! leg deinen Degen an, und zieh gegen die Türken! Was fehlt dir noch? Du bist reich mit deinem Herz und Arm.

ALTER GUELFO. Nein! nein! Du sollst das Gut behalten, und mehr dazu. Ich will dem Pachter Entschädigung geben; es wird so arg nicht seyn.

GUELFO. Ich will nichts, ich bin reich.

AMALIA. Nimms doch, Guelfo! Ich will Dir einen prächtigen Schmuck geben, für Deine künftige Braut.

GUELFO. Ha, ha, ha! – Guelfo, geben Sie mir den Zug Apfelschimmel zum Erbtheil; und ich gehe, der verfluchte, verlorne Sohn! Geben Sie mir den Zug Apfelschimmel; ich will mich reich halten, will mich mit diesem Muth durch die Welt schlagen.

AMALIA. Gib ihm die Schimmel, gib ihm die Pferde all.

ALTER GUELFO. Guelfo, die Schimmel hat Dein Bruder schon.

GUELFO. Mag er sie behalten!

ALTER GUELFO. Er kömmt in einer halben Stunde mit seiner Braut; er giebt sie Dir. Guelfo, freu' Dich mit uns!

AMALIA. Du sollst sie haben. Komm uns nach! (*ab*)

Fünfter Auftritt.

GUELFO, *(allein.)* Niederschiessen will ich sie und ihn! Ich will sie nicht, ich mag sie nicht! Träumt ichs doch, wußt ichs doch! Es sind vortrefliche Pferde, und stampfen *(stampft)* den Boden, blasen, werfen die Mähne, haben einen Blitz im Aug – Heyda! Ritter Guelfo! kauf dir einen Esel, und reit zum Türken! Er hat sie, hat Segen, Liebe,

Herzogthum – und Kamilla! Ha! ich werd rasend! O ich küßte die Fingerspitzen der Kamilla, und war Wonnetrunken; legte meine Rauhigkeit nieder, wie der Tieger, der Orpheus Sang hörte. Sie sang – Kamilla! Hu, Caßius! *(In ein Nebenkabinet ab)*

Ende des ersten Aufzuges.

Zweyter Aufzug.

Erster Auftritt.

(Ein Saal.)
GUELFO. GRIMALDI.

GUELFO. Ist Dirs wieder besser, Grimaldi?

GRIMALDI. Wenn mirs am Körper fehlte, lieber Guelfo, scheut' ich keine Feuerkur. Ablösen wollt' ich mir das Glied lassen, wo michs schmerzte, und verstümmelt standhaft leben. Aber, Guelfo, tief und peinlich und auch wonniglich liegts in meiner Seele. Einen gebeugten von Menschen gekränkten Geist, ein verwundetes Herz mit sich herumzuschleppen, und so täglich dem öden Grabe mit gesenktem Haupte zuzuwallen – Sieh, Bruder! ich falle vom Fleisch, schmachte, seh bleich – und dieser morsche Körper blühte einst in lieblicher Jugend, ward bestaunt, geliebt. Trat ich auf, Guelfo, zischelten sich die Mädels in die Ohren, webten mit Blicken und Bewegungen Ketten und Netze, den Grimaldi zu bestricken. Das war Gedräng, Zunicken, Fächerrauschen und Anhängen. Wie viele Uneinigkeiten und kleine Zänkereyen verursachte ich nicht unter Schwestern, Liebenden und Herzensfreundinnen! Wenn ich eine mit Wärme und mehrerer Theilnehmung ansah, stellte sich schnell ihre Nachbarinn in Riß, und stahl wenigstens den Blick auf die Hälfte, den ich Höflichkeits wegen nicht kalt zurückziehen konnte. Ja – ja!

GUELFO. Red' nur fort, Grimaldi; ich kann hören, und das

denken – Ich seh' nur nach der Strasse, um meinen Bruder mit den Hengsten im Pomp anfahren zu sehn. Nu?

GRIMALDI. Wie das nun all liegt, Jugend und Vermögen! Ich senke meine Arme, senke mein Haupt – gefallen bin ich, der rasche Grimaldi! Und da ich fiel, durch Neid und Verfolgung von Schwachen, floh Schnellkraft, Zuversicht und Festigkeit. Ich zog mich ganz in mich in mein Trauren. Das gesellschaftliche Leben unter Menschen, alle heitere Empfindungen, alle Theilnehmung an meinem und andrer Geschick, alle Sinne verwandelten sich in meiner gedrückten Brust in Haß und Widerwillen. Ich schwirre nun in Trauergedanken, fühl mich vergehen, fühl mich gerne vergehen – Denn was ist das Leben, mein lieber Guelfo, wenn einem das genommen ist, was einem Leben giebt, wenn einem noch dazu der Weg verlegt ist, den zu gehen man gemacht ist?

GUELFO. Man räumts weg, Grimaldi!

GRIMALDI. Denn muß man auch das vorige Gefühl wieder in sich sammlen können. Aber, Guelfo, wenn das nun all niedergerissen ist, was uns damals trieb, wie den jungen Adler, der seine Schwingen stark fühlt, den Weg zur Sonne zu schweben – wenn das nun nicht mehr aufzuwecken ist – Lieber Guelfo, ich schein' mir dem geblendeten Adler zu gleichen, der sein Leben in den Felsen austrauert. Was hülfe mirs nun auch, wenn ich mich wieder aufzutreiben suchte, einige Schritte taumelte, und mich doch nicht an der Sonne erquicken könnte, worauf es ankömmt!

GUELFO. Das kömmt all wieder. Man findt sich, und das andre findt sich auch. *(unverwandt durchs Fenster nach der Strasse)*

GRIMALDI. Ja, es kam einstens ein Sonnenblick! – Guelfo, Du weißt doch auch, wer kam, und mir die Nacht vors goldne Strählchen feindlich stellte, daß ich weiter nichts erblickte, als Haß und bösen Genius in mir? – War das Erquickung für mein Herz, als mir die Lichtgestalt erschien! Ich hatt' ein Liedchen, das ich damals oft sang –

GUELFO. Sing, Grimaldi.

GRIMALDI. *(singt)*

Heiter kehrest du, o Licht!
Und ein helles Strählchen bricht
Aus der dumpfen Nacht hervor,
Hebt mein leidend Herz empor.

Es erschien ein Engelskind,
Rührte meine Seele – schwind! –
Und die Trauer schwand dahin,
Selig, selig nun ich bin!

Selig, selig werd ich seyn,
Wenn die Liebe mich wiegt ein,
Wenn die Lieb' den Trauersinn
Wandelt mir in Freudensinn!

Glänze ferner durch die Nacht,
Liebe, süsse Zaubermacht!
Hülle mich, o Zauber, ein!
Selig, selig werd' ich seyn!

O Guelfo, Guelfo! was waren das Stunden!

GUELFO. Und nun?

GRIMALDI. Guelfo, da wollte der schlafende Genius wieder aufwachen, wollte mich beleben, und ich ward angespornt – träumte glühende Träume, wie ich nun mit Riesenschritten gehen wollte als ein edler Kerl! Guelfo, ich ward auf die Wagschaale gelegt, mein Adel zu leicht befunden; mein Werth fiel tief, Guelfo! Die süssen Augenblicke, die ich lebte, die mich zu allem gemacht hätten! Ward ich nicht in Finsterniß zurückgestossen, worinn ich noch immer tappe?

GUELFO. Du hast Recht, Grimaldi. Du warst damals in einem Gang, gingst so schnell nach dem Ziel, daß ich Dir mit Wunder zusah.

GRIMALDI. Drum stieß mich Vetter Ferdinando unter; der alte Guelfo hätt' sich des Grimaldi erbarmt. O der Seligkeit der Stunden! o der Seligkeit des Grimaldis! o der Verdammung des Grimaldis, die nun um ihn liegt!

GUELFO. Armer Narr! Hätts an mir gelegen, Du hättst sie haben sollen. Ich hatte Dich auch gewogen, Grimaldi! aber ich fand Dich bewährt. Was nutzte mein Reden all?

GRIMALDI. Ich dank' Dir noch, mein lieber Bruder. Ich will Dich immer so nennen, und nach Othen schnappen, wenn ichs denk', und Dich an meine Brust drücke. *(umarmt ihn)* O wenn ichs worden wär'! und wenn ichs worden wär' – ist sie nicht todt?

GUELFO. Das herrliche Mädchen!

GRIMALDI. Sie starb, sie starb! und da sie starb, starb Grimaldi! Alle Hoffnung und Leben entquoll meinem Herzen mit den blutigen Thränen. Bruder! Dir darf ichs sagen, daß mir jede Nacht ihre blasse Todtengestalt erscheint, daß ich sie so kalt in meine Arme festdrücke, daß sie mir winkt, und daß sie mich nach sich zieht. O Juliette! Juliette!

GUELFO. Geh doch! laß mich!

GRIMALDI. Fühlt' ich ihren Tod nicht so scharf! und würd' ihn schärfer fühlen – Hab dich Gott, meine Liebe! Grimaldi wallt dir eine düstre Wallfahrt nach. Und gewiß wärst du noch hier; denn ich wollte dich gepflegt haben, wollte dich getragen haben, auf den Fittigen der erquickenden Liebe! O Juliette, du wärst noch unter uns!

GUELFO. Ich bitt' Dich, Grimaldi, wieg mich nicht in diesen schwermüthigen Ton. Ich brauch Stärke; und bin ich nicht im nemlichen Fall?

GRIMALDI. Armer Guelfo!

GUELFO. Wär' Kamilla nicht mein worden, und ich hätt' in den Armen der Liebe den Löwen Guelfo abgelegt? wär' still und friedlich geworden? – Sie hatte Guelfos ganze Seele.

GRIMALDI. Du sagtests ihr?

GUELFO. Nein! nicht! Ich Bestohlner, der ich nichts als meinen Degen habe!

GRIMALDI. Und er hat sie nun, da er mit den schweren Titeln kam, mit den reichen Goldsäcken, von Herzogs Glanz geführt! Da bückte sich die Liebe – ha! und bückte sich unter, und der tapfere Guelfo schwand aus ihrem Herzen. Sterben will ich, ohne an Juliette zu denken, wenn er nicht Deine Liebe wußte.

GUELFO. Mag er! er hat sich weh mit gethan; denn fordern will ich auch das von ihm im Grimm. Himmel und Erde! wenn ich der Wonne denk', in der ich schwebte, ihre Gestalt vor mir seh mit aller Glorie der Schönheit! Grimaldi, das war ein Leben! das waren Zückungen! – Ich kann Dich versichern, ich allein kann das Weib an ihr finden, das an ihr ist, das Weib des tapferen Ritters, dem sie Siegskronen mit Liebe windet, kömmt er vom Feinde. Ihm ist sie nichts. Ich konnte den Schleyer heben, und im Heiligthum der innern Schönheit ihrer Seele lesen. Ha! wie ich einst nach der Schlacht ihrem Schlosse zujagte, mit Blut der Feinde bespritzt! Sie lächelte himmlisch von dem Balcon herunter, warf mir ein weisses Tuch zu, rief: Ritter, wisch das Blut weg! Du schreckst meine Gespielen. Und ich thats mit dem Tuch, legte es auf mein Herz – siehst Du's! hier heilte es, und that gut.

GRIMALDI. Und das Weib hat er?

GUELFO. Und das Weib hat er!

GRIMALDI. Vor Deinen Augen seine Seligkeit, vor Deinen Augen die herrliche Gestalt, vor Deinen Augen den Himmel! Hölle in mir und Dir! – Bruder, laß uns Einsiedler werden, laß uns der Welt absagen, und uns treu sterben! – Wie kann ichs, wie kannst Du's ansehen? Eine härne Kutte wär des armen Grimaldis Sache.

GUELFO. Guelfos eine stählerne Keule, zu zerbrechen damit das Haupt –

GRIMALDI. Gebär den Gedanken nicht! – Ha! dort kommen sie gefahren!

GUELFO. Will kein Donner nieder? will kein Donner nieder, die springenden bäumenden Hengste zu lähmen? Ha! wie die Pferde ausgreifen! was das hebt! Sieh' den Herrn im rothen Kleide mit Gold, wie Herzoglich prächtig! Will kein Donner nieder? Siehst Du sie? O Grimaldi, im weissen Kleide! Sie sieht heraus, streckt ihre Hand heraus, und wirft dem Bettler was zu – die Chaise wendet wieder – der Stern auf seiner Brust, wie er blinkt! Sie! – Teufel! Teufel!

GRIMALDI. *(unverwandt zum Fenster hinaus)* Wirfst Du Seifenblasen hinaus? Sie zerplatzen, eh' sie niederkommen, armer Narr!

GUELFO. Grimaldi! Grimaldi! Laß mich was thun! Ich will eine Pistole losschiessen – ich muß so was hören! Mein Herz heischts!

GRIMALDI. In die Luft doch?

GUELFO. Heyda! – Wart! nach der Wasserseite – *(schießt zum andern Fenster hinaus)* Hi! Hi!

GRIMALDI. Rasch in Hof! Eins, zwey – sechs Diener nur – vier Läufer nur – zwey Heyducken nur – Es ist wenig und genug für einen Herzog.

GUELFO. *(kniet nieder, spricht in sich und springt auf)* Ausgesprochen, und geschehn! Fest in meinem Blut sitzts! sausts an den Wänden her, und kräuselt sichs in der Luft! Bey Guelfos Herz! es soll nicht zergehen, wie Grimaldis Seifenblasen.

GRIMALDI. Was treibst Du hinter mir.

GUELFO. Frag' nicht! Was ich thu, thu ich!

GRIMALDI. Sie steigen aus – Vater – Mutter –

GUELFO. Kos't ihn, liebt ihn, springt um ihn herum! So! drückt ihn noch fester ans Herz, und weint! Fluch mir! Fluch mir! Bey der Geburt bestohlen! Nun dann, bettelarm heute! – – Brav, Ferdinando! Wollte Gott, du machtest deine Sache anders; aber so – wieder? hu!

GRIMALDI. Das ist närrisch. Sieh, dort im Teich, wie der Mensch den Fisch angelt. Er zuckt sehr, zuckt sich los, fällt aufs Ufer, er hascht ihn –

GUELFO. Und er küßt sie! Ha! vor meinen Augen! denk!

vor meinen Augen! saß so lang bey ihr, hat sie so lang, wird sie haben, und vor meinen Augen! – Grimaldi, will er mich umbringen?

GRIMALDI. Wie der Kerl den Fisch zappeln ließ! Pfui!

GUELFO. Und wie ich zapple! Mit den Küssen angeln sie meine Seele, und ich blute. Kamilla! Kamilla! Ich häng' an der Angel, zucke mich zu Tode! Sie sieht nach ihm, und Liebe zittert auf ihren Lippen – sieht herauf – was denn? Kamilla, was denn? O weh mir!

GRIMALDI. Sie kommen herauf – Willst Du sie erwarten?

GUELFO. An der Angel den Tod zu zappeln? *(beyde ab.)*

Zweyter Auftritt.

ALTER GUELFO. AMALIA. FERDINANDO. KAMILLA.

FERDINANDO. Nun ist mir ganz wohl, da ich wieder hier im Hause des Vaters bin. Mich kam eine wunderbare Empfindung an, da ich so den Hegwald herunter fuhr. Aber da ich in Guelfos Hause bin, jedes Bildchen seh, jeden Gegenstand erkenne, des Vaters Liebe fühl', ist mir ganz leicht.

KAMILLA. Du hast mich sehr erschreckt, lieber Ferdinando. Du wardst so bleich – Guelfo, er saß auf einmal so still, und zitterte, ich konnt' ihn kaum zu sich bringen. Komm, Ferdinando! Deine Stirne ist noch heiß – er schwitzte Angstschweiß, Vater! – Lieber Ferdinando! –

AMALIA. Sohn! Lieber! Mach mir nicht angst!

ALTER GUELFO. Es kömmt vom Fahren. Es ist heute sehr heiß gewesen.

KAMILLA. Nein! Ihm fehlt was –

FERDINANDO. Es ist nun wieder vorüber. Es ist närrisch! Kamilla, ich wollte Dirs nicht gleich sagen, aber itzt lach' ich selbst drüber. Guelfo, als wir an die Eichen kamen, sah ich in der Ferne meine Gestalt aufsteigen, daß ich mich kannte, und wildes Geräusch schreckte mein Ohr.

AMALIA. Deine Gestalt, Ferdinando?

FERDINANDO. Lebendig! Meine Sinne können mich betrogen haben; ich vergeß' es schon wieder.

ALTER GUELFO. Einbildung, Ferdinando! nichts als Einbildung!

FERDINANDO. So nehm' ichs auch. Mir ists nur leid, daß ich meine Kamilla erschreckte. Es ist vorüber, und war vorüber, da Du mir mit der Hand über die Stirne fuhrst, und riefst. Ich wachte auf, wie aus einem Schrecktraum, und schien mir in Himmel über zu gehn. Nun, Vater? Nicht so ernsthaft! Küssen Sie Ihren Sohn noch einmal! Meine Mutter! Laßt mich glücklich seyn! Alles will ichs machen, und alles wird michs machen! Meine Kamilla hat Ihnen ihr Herz geschenkt, da sie mirs gab; und ihr Blick giebt Ihnen die Versicherung. O wir werden ein Leben führen – –

AMALIA. Mein lieber Ferdinando! – Ja! wir werden nun recht freudig seyn zusammen.

FERDINANDO. O Mutter, Sie sinds! Diese wenige Worte – Sehen Sie mich fort so an!

ALTER GUELFO. Ruh aus, mein Sohn, Du überläßt Dich zu sehr dem Gefühl! Ruh aus!

KAMILLA. Ich zählte alle Stunden, fragte jeden Augenblick: Wie weit sind wir noch, Ferdinando? so begierig war ich, den alten Guelfo wieder einmal zu sehen, und meines

Ferdinandos Mutter. Und Ferdinando war gütig, erzählte mir viel von Ihnen, von der herrlichen Gegend, und alles find ich so. Es ist ein lieblicher Sitz, sagt' er, beym Vater. Und gewiß ists ein lieblicher Sitz. Eine Gegend, so schön, als eine in Italien. O so die Tiber hinunter zu sehen, von der Sonne vergüldet, den süssen Gesang der Vögel – und den Guelfo, die Mutter, meinen Ferdinando – Guelfo, wir wollen der Liebe und Freude leben! *(küßt der Alten Hände, Amalia küßt sie.)*

ALTER GUELFO. Sie machen mich mein Alter vergessen. Alles vergnügt, verjüngt mich, was ich seh' und höre. Ihr Kinder bestürmt des alten Guelfos Herz mit zu viel Liebe; er ist ihrer so wenig gewohnt, daß es ihm Traum scheint. Zwar, wenn Ferdinando da ist, da leb ich immer so im Taumel; denn Ferdinando weiß mit Liebe des Alten Herz warm zu halten. Ferdinando! Ferdinando! Gepriesen sey Gott, daß ich Dich wieder einmal in meinen Armen halten kann! daß ich die Wonne fühle, das treue Kind fest an mich zu drücken! Laß Dich recht drücken, Guelfos Zierde!

FERDINANDO. Mich nicht allein, mein Vater.

ALTER GUELFO. Ha! Dich allein! Dich allein! Bist Du's nicht allein, der dem Vater gütlich thut? der des Vaters Wohlthat ist? der des Guelfos Haus erhebt, daß die Feinde vor Neid vergehen? Ja! sie werden sich verzehren in Marter, unser Haus so mächtig zu sehn. Ferdinando, Segen über Dich! Daß Du hoch empor wachsest im Lande! – Kamilla, seyn Sie nicht so bewegt! Ruhen Sie! Wir wollen Euch zusehn; Ihr seyd müd', und ich möcht' Euch zusammen sitzen sehn.

AMALIA. Guelfo! vergiß nicht, ich bitte Dich! *(ab)*

ALTER GUELFO. Ferdinando, wärst Du nicht, ich legte mich hin, und stürbe; denn Guelfo wird sehr geärgert in seinen alten Tagen. Aber nun will ich leben; meine grauen Haare sollen sich weiß färben, und meine Jahre hoch steigen, von Dir geleitet. Ich muß es erleben, was aus meinem Ferdinando wird. Jüngst war so ein Hofschranze hier, der erzählte Wunderdinge (und mochte ihn wohl heimlich hetzen) was man aus Dir so grosse Dinge machte – wie schon alle grosse Häuser aufmerksam würden – daß Du des Herzogs rechter Arm wärst – Ha! dacht' ich bey mir – seht nur auf Guelfos Stamm – er soll bald Herzog seyn.

FERDINANDO. Gnügsamkeit! Nicht zu hoch gespannt, Vater, daß die Sehne nicht springt! Es ist noch Zeit genug; und ich könnte tiefer fallen, je höher.

ALTER GUELFO. Das wollt ich sehn, ich! Was Gnügsamkeit! Man muß steigen, so hoch man kann! war immer mein Denken. Und da ich mich so weit im Gleichgewicht hielt, Euch so weit vorgearbeitet hab – Also red' mir nicht!

KAMILLA. Werden Sie nicht zu ernsthaft!

ALTER GUELFO. Verzeihen Sie mir!

KAMILLA. Nicht doch, Vater! Reden Sie, was Sie wollen, was Ihnen gut thut.

ALTER GUELFO. Das ist freundlich, Tochter! Gott erhalt Dich mir!

FERDINANDO. Wo ist denn mein Bruder? Ich seh lang nach ihm. Wo ist er?

KAMILLA. Ich dachte, er würde der erste seyn, der uns entgegen käme.

ALTER GUELFO. Ja doch, er! Ich seh' ihn manchmal in einem Monat nicht, den wilden Guelfo. Ferdinando, er wird immer unbändiger, stolzer. Rachgierig ist er; stößt mich und seine Mutter ins Grab im blinden Zorn. Er brennt, wie Feuer, wenn wir ihn berühren. Ich bin zu alt, den Sohn Guelfo zu bändigen. Ich muß zittern für ihn. Heute hab' ich ihn einmal wieder gesehen, und fast brach er mir das Herz. Er liegt immer im Walde, badet seine Hände in der armen Thiere Blut. Kömmt er einmal, vergräbt er sich, und weh, der sich ihm naht!

FERDINANDO. Vater, ich sagte immer, man muß Guelfo mit Liebe und Nachgeben begegnen, will man ihn gut haben.

ALTER GUELFO. Und thu ichs nicht? und muß ichs thun, ich sein Vater? Doch thu ichs, halt' ihn sanft, wie Du Deine Braut. Meine Amalia thuts auch. Ich fürcht', unser Streicheln macht den Wilden unbändiger.

KAMILLA. Der Ritter hat ein edles Herz.

FERDINANDO. Das hat er, Kamilla. – Vater, lassen Sie ihm seine Unbändigkeit, all sein Wesen; wenns Krieg giebt, braus't er aus. Ich will ihn mit meiner Liebe zwingen, mir hold zu seyn.

ALTER GUELFO. Ich kenn' ihn auch, und mag nicht reden. Ich wollte, mein Herz hing nicht so an ihm.

KAMILLA. Es muß an ihm hängen; der Ritter verdients.

FERDINANDO. Er ist die Zierde Ihres Hauses, ein Schrecken der Feinde.

ALTER GUELFO. Das ist wahr. Nun – wir wollen ihn mild zu machen suchen. Kamilla hat eine liebliche Stimme, und singt in die Laute. Wir wollen täglich harmonische Musik machen, und ihn zähmen. Ich wollt', er hing dem Grimaldi nicht so an, der macht ihn traurig dazu mit seiner Melancholie; das verdirbt ihn völlig. Grimaldi ist ein düstrer Mensch, der Nachts im Feld läuft, bey Sturm und Wind, und zu den Sternen ruft. Der Kirchhof soll sein liebster Aufenthalt seyn. Ich selbst fand ihn einstens durch die öde Nacht weinen, daß ich erschrack. Das ist Guelfos Gesellschaft.

Dritter Auftritt.

GRIMALDI, *(tritt auf.)* VORIGE.

FERDINANDO. O des traurigen Grimaldi! Willkommen, Vetter!

GRIMALDI. O des freudigen Ferdinando! Guten Tag denn allen freudigen Seelen, und mir alle ihre Traurigkeit!

FERDINANDO. Ich dachte gewiß, ich würde Sie heiterer finden.

GRIMALDI. *(legt die Hand aufs Herz.)*

FERDINANDO. Sie sehen noch verstörter und trauriger. Armer Grimaldi, Sie blühten lieblich – Ich wollte, Sie hieltens wieder mit dem guten Gefühl.

GRIMALDI. Und ich wollte, Sie wären nicht so lustig. Wahrhaftig, ich bin so hin, das Lächeln eines Menschen kann mich beleidigen. Ich kann oft meinen Hund nicht ausstehen, wenn er freudig um mich springt.

FERDINANDO. Winden Sie sich los!

GRIMALDI. Still, Vetter! Das ist Ihre Braut! O eine liebe Braut! *(küßt ihr die Hand.)*

FERDINANDO. Wünschen Sie mir nicht Glück?

KAMILLA. *(zu Grimaldi)* Ich wollt', ich brächt' Ihnen Freude mit!

GRIMALDI. O gütig! himmlisch! – Ich wollte – armes Herz!

FERDINANDO. Was ist Ihnen?

GRIMALDI. Nichts! nichts, als daß ich kein Wort reden kann! Gnädige Gräfinn, Sie scheinen keine Tochter der Erde zu seyn. – Sie haben Ihre Sanftmuth, und – Gott sey Dank! Sie haben einen melancholischen Zug über dem Auge, der mir wohl thut.

ALTER GUELFO. He, Grimaldi! wollen Sie uns alle anstecken?

GRIMALDI. Guten Tag, Vater! Ich sah' Sie kaum. Behüte mich! Ich will Euch Eure Freude lassen; ich wollt', ich könnte Euch meine vorige dazu geben! Aber, Guelfo, die Gräfinn! *(sieht gen Himmel)* Und dort wohnt eine, und hier wohnt sie! *(die Hand aufs Herz)* Gräfinn Kamilla, Sie haben – o dieser Zug, der sich so sanft, so weich hebend in die Lippen verliert – und die labende Öfnung des Munds – dieses himmlische reine Auge – dieses süsse Wallen – das haben Sie, ja! Sie habens von ihr.

KAMILLA. Mein Herr!

FERDINANDO. Sie schwärmen wieder, Grimaldi! Kommen Sie doch zu sich.

ALTER GUELFO. *(dazwischen vor sich)* Er meint meine Tochter, und hat Recht. *(wischt sich die Augen.)*

GRIMALDI. Versteht kein Mensch den Leidenden? – Ich will gehn, Ferdinando, und Sie nicht weiter stören. Vater, vergönnen Sie mir ein Plätzchen im Hause mit dem Ritter; ich mach Ihnen denn bald Raum.

KAMILLA. Bleiben Sie bey uns! Ich hab' so viel Guts von Ihnen gehört; ich wünschte, Sie söhnten sich mit der Welt aus.

GRIMALDI. Nicht doch! nicht doch! Ich und die Welt haben gebrochen, und so gebrochen, daß mein Herz mitbrach.

ALTER GUELFO. Wo ist der Ritter?

GRIMALDI. Seine Mutter ist bey ihm.

ALTER GUELFO. Dacht' ichs doch, als sie wegschlich! Grimaldi hat uns alle Freude verdorben. Hängt die Köpfe nicht so! Gleicht Ihr doch alle dem Schwärmer!

FERDINANDO. Ich möchte alles vergnügt sehen, und ich weiß nicht, ich hab' heute selbst einen Hang zur Schwermuth.

GRIMALDI. O Ferdinando, sagen Sie das nicht.

ALTER GUELFO. Morgen soll Hochzeit seyn – Sind das Hochzeitgesichter? Kommt zu Tische! – Grimaldi, seyn Sie munter, oder bleiben Sie weg.

GRIMALDI. Das letzte, Guelfo! das letzte!

FERDINANDO. Nein, kommen Sie! *(die andern gehn.)*

Vierter Auftritt.

GRIMALDI. *(allein.)* Armer, armer Guelfo! Deine Prüfung ist hart! Armer, armer Grimaldi! Du hast viel von ihr gesehen. O meine Juliette, laß mich nicht so lange! nimm mich bald! – Und saß ich nicht hier bey Dir? Kamst Du nicht an einem schönen Frühlingsmorgen hier herein, erschrocken, und ich hatte Dich in meinen Armen, und Du sagtest: Lieber Grimaldi! – und ich sagte: Liebe Juliette, was ist Ihnen? – Du sagtest, ein Kind sey in Hof gefallen, das habe Dich erschreckt – – Ich lief, und holte das Kind, und verbands; und ich bekam einen Kuß der Liebe und der guten Menschheit. Ja, meine Juliette! Hier wars, wo ich der Liebe weinte; hier ists, wo ich der Liebe sterbe. Ha! und wars nicht hier, wo Dein Ferdinando sagte, unsre Liebe gelte nichts? Sagt' er so? Nein! Du solltest den reichen Grafen heyrathen; so sagt' er. Aber mein Herz sagte, Juliette wirds nicht thun! Sie thats auch nicht, und vermählte sich mit dem Tode. – Ferdinando! – Weg! – Ich muß Rache denken, und mag keine denken. O Juliette! Juliette! – *(geht)*

Fünfter Auftritt.

(Das Zimmer des ersten Aufzuges.)
KAMILLA. RITTER GUELFO.

GUELFO. *(vor der Thür)* Ich muß sie sehn! muß sie allein sehn! *(tritt herein.)*

KAMILLA. Ritter Guelfo, noch einmal willkommen, so finster Sie mich auch vorhin ansahen, als Sie bey uns vorbey eilten, und sich kaum halten liessen. – Was machen Sie?

GUELFO. *(kniet)* Legen Sie Ihre willkommne Hand auf mein Haupt, und den Liebessegen! o allen Segen in diesem! Ich steh nicht auf, Kamilla. Segen von dieser Hand dem armen Ritter Guelfo! Ihre Hand auf mein Haupt, an mein Herz, an meine Lippen, und mit meinen Lippen versiegelt den Liebessegen!

KAMILLA. Ritter!

GUELFO. Wenden Sie sich nicht von mir! O Kamilla! Kamilla! diesen Trost dem verfluchten, beraubten Guelfo! Sehn Sie mich an! Mit Einem Blick von der Marter mich loszuwinden, wie wenig kostet das!

KAMILLA. Guelfo, was ist Ihnen? Sie sehn verstört –

GUELFO. Mir ist nichts, gar nichts – und wenn ich diese Hand habe, und wenn ich diese liebe Hand auf mein geängstetes Herz lege, gar nichts! – Willkommen, meine Schwester! Tausendmal willkommen, meine Schwester! Meiner Liebe willkommen, meine Kamilla! O so schwebe vor mir! so mache mich lebendig! – Laß mich fühlen in diesem Kuß alles Entzücken der Liebe, und alle Marter! – Willkommen, meine Schwester!

KAMILLA. Sehr willkommen, Ritter! Ich bitte Sie, sehn Sie anders. Kommen Sie, erzählen Sie mir etwas. Ich habe Sie so lange nicht gesehen, und gewiß, ich verlangte nach Ihnen.

GUELFO. Ich möchte das glauben, und mit diesem Glauben mich gegen die Feinde stellen! – Ists so, meine Schwester?

KAMILLA. Gewiß! Da ich Sie das letztemal sah, machten Sie mir viele Sorgen.

GUELFO. Guelfo, hörst du das? Und es rief mir eine Stimme zu: Habe Glauben! und es rief mir abermal eine Stimme zu: Habe keinen Glauben! Denn wenn du das glaubst – Guelfo, wo bist du? – Nun, Kamilla, wie mir ist? – ich kann Ihnen sagen, Kamilla – aber was ich sagen kann – Kamilla, sehn Sie mich an – und was ich sagen könnte –

KAMILLA. Lassen Sie mich los!

GUELFO. Nicht, Kamilla und meine Schwester! Ich soll Ihnen ja erzählen. Und, Kamilla, wenn ich diese weisse Hand habe, und wenn ich diese Adern so blau sich schlängeln seh, diese Pulsschläge lausche, und Ihnen ins Gesicht seh, werd ich Ihnen viel erzählen können. Aber da ich so gar wenig reden kann, doch so viel zu reden habe – das letztemal, da ich Sie sah, war mirs freylich wunderlich. Denn, wenn ich mich noch recht besinne, schickten Sie mir Balsam für meine aufgerißnen Hände, die ich kriegte, als die Pferde scheu wurden, und mit meiner Kamilla davon rennen wollten; das mir denn sehr ungerecht schien. Ich fiel ihnen aber auch brav dafür in die Mähne, und hielt sie, daß sie stunden, wie Lämmer.

KAMILLA. Nein, damals wars nicht. Sie sind irre. Das letztemal sah ich Sie, als mein Ferdinando kam.

GUELFO. Ihr Ferdinando? – ja doch! Ich ritt nach, ohn' es zu wissen, daß Ihr Ferdinando da war. Wie ich nun kam, und alles nur Ferdinando schien, alles um Ferdinando schwebte – Heyda! seyn Sie doch lustig! Ich weiß nicht, was das für ein Gespräch ist, daß wir zusammen führen. Ich sah Sie noch nicht einmal lächeln, und Sie stehlen einem doch das Herz weg, wenn Sie lächeln. Ich bin sehr lustig, lache mehr, als ich weine. Mich wundert nur, daß niemand mit mir lachen will. Ha, ha, ha! Daß Sie nun da sind! Ha, ha, ha! Daß ich Sie habe, diese Hand habe, diese liebe Kamilla habe, und alles mich neidet! Ha, ha, ha! Lachen Sie doch!

KAMILLA. Sie sind fürchterlich mit Ihrem Lachen.

GUELFO. Das weiß ich längst. Sie wollen nicht einmal mit mir lachen? Nicht ein Lächeln? Thun Sies doch! Zwingen Sie sich ein wenig! Um eines Kranken willen! Das Lachen soll ja so sympathetisch seyn, daß gleich alle lachen, wenn einer lacht. Noch nicht, meine Kamilla?

KAMILLA. Ja, Sie sind wirklich krank. Lassen Sie mich!

GUELFO. Sie stossen den Kranken weg! Und wenn ich

denn krank bin, einen Trost, meine Kamilla! Ich sah Sie wohl weinen und besorgt seyn, um eine Ihrer Kammerfräulein, die plötzlich krank ward; ja Sie warteten und pflegten Sie. Ich will nur ein gutes Wörtchen. – Mir ziehen Sie unbarmherzig Ihre seidne Hand zurück; und wenn ich sie mit meinen Fingerspitzen berühre, fliehen doch alle Krankheiten, und ich steh da, als wär' ich zur Unsterblichkeit geboren. – Wie, meine Kamilla?

KAMILLA. Ihre Krankheit ist von einer Art – ich will Ihren Bruder rufen.

GUELFO. Ist er eifersüchtig? Ist ers? und ich will ihm – Nu meintwegen! rufen Sie Ihren Ferdinando! Vernichtet habt ihr mich doch alle! – Was willst Du, Guelfo? – *(schlägt sich vor die Stirne)* Ist er nicht da? Ist der Bräutigam noch nicht da?

KAMILLA. Seyn Sie gut, Ritter! seyn Sie sanft! Sie begegnen Ihrem Bruder hart. Er weinte bitterlich, da Sie seine Hand wegstiessen, und fiel schluchzend dem alten Guelfo in die Arme.

GUELFO. Das kann er, weinen kann er! Und erweint sich damit sehr viel. Seine Thränen – ha! wenn ich meine Thränen so verkaufen könnte, wenn ich sie so verkaufen möchte – Also, er weinte, und da? –

KAMILLA. Ich bitte Sie um Gottes willen, seyn Sie anders! Ich muß den Augenblick weg, wenn Sie nicht Mann sind.

GUELFO. Ha! was ruft? Was wallt in diesen zarten Adern auf? Was schreyt diese Stimme, die sonst so weich und harmonisch klang? – Kamilla, Verzeihung! Ich beuge meine Kniee vor Dir, dem ersten Weib' auf Erden – Verzeihung! Hast Du sie gewährt, so blick' noch einmal auf mich, der ich im Staube zertreten bin – ich gehe.

KAMILLA. Stehn Sie auf! Wir können uns unmöglich so wiedersehen, das ich doch wollte.

GUELFO. Das war Kamilla! Da entquillt ihren Lippen Erquickung, daß sich Ritter Guelfo aufrichten kann! O Kamilla kann einen aus Todesschlaf wecken, kann einen umwenden mit einem Blick! Nun ist mir doch gar wohl.

KAMILLA. Und Thränen im Auge?

GUELFO. Sehn Sie das? Pfui Guelfo! sey Mann! folg dem Bescheid!

KAMILLA. Kommen Sie ans Fenster! Es ist prächtig Abendroth; die Sonne geht herrlich unter. Freuen Sie sich doch mit mir!

GUELFO. Die letzten Sonnenstrahlen durch die Bäume her – Ich möchte mich in die Feuerhelle dort schwingen, auf jenen Wolken reiten mit vergoldetem Saume! – Kamilla! *(faßt sie an der Hand)* Ach! und ich bin wieder so hin – ich möchte diese Feuerwolken zusammenpacken, Sturm und Wetter erregen, und mich zerschmettert in den Abgrund stürzen! – Kamilla! Kamilla! Kamilla! *(küßt sie heftig.)*

KAMILLA. Guelfo! Guelfo! Lassen Sie mich! He da!

GUELFO. Schrey nicht! Und noch einen! und noch einen! – Ha! so der letzte Kampf! – Zu Deinen Füssen gestreckt – bleib! bleib! ich geh! – Schrey nicht, Kamilla! Ritter Guelfo heult; und wenn er heult, heult Lieb' aus ihm.

KAMILLA. *(nach der Thür.)*

GUELFO. Wie denn? warum denn?

Sechster Auftritt.

FERDINANDO. VORIGE.

FERDINANDO. Wie, mein lieber Bruder?

GUELFO. He, was?

FERDINANDO. Erschrocken, Kamilla? Was ists?

KAMILLA. Nichts, Lieber! gar nichts!

GUELFO. Glaub' ihr nicht! Ich küßte sie – sieh', da stehn meine Küsse! Vier Küsse drückt' ich auf ihre weichen Lippen! Ha, ich küßte sie stark, hielt sie stark, und sie wand sich los, und schrie.

FERDINANDO. Da thatst Du recht, Guelfo. Das ist Deine Schuldigkeit; Du küßtest sie nicht zum Willkommen.

GUELFO. Siehst Du nicht, wie ich küßte?

FERDINANDO. Und ich küsse sie; küsse des Bruders Küsse von ihren Lippen, die mir selten und desto theurer sind.

GUELFO. Und küßt die Sünde vom Heiligthum, die ich drauf küßte, leidige schwarze Sündenküsse! Bravo! Bravo! und all' die Sünde hängt noch. Bravo! und Du wirsts nicht auslöschen.

KAMILLA. *(ab.)*

GUELFO. Ritter Guelfo empfiehlt sich. – Du hast meine Sünde, trag sie!

FERDINANDO. Herzlich gern, lieber Bruder. Aber –

GUELFO. Wurmt Dirs? Du siehst roth auf einmal – –

FERDINANDO. Nicht doch! Red' freundlich mit Deinem Bruder! Gib meiner Liebe Raum!

GUELFO. Noch einmal, ich küßte sie heiß. Verstehst Du mich? Und diese Küsse, Ferdinando, wie Du sehn sollst – diese Küsse, wer was dagegen hat – Verstehst Du mich?

FERDINANDO. Küß' sie mehr, Bruder!

GUELFO. In Deiner Gegenwart? Wenn sie mir um den Hals fiel, wenn mirs durch die Seele bebte, das gute Geschöpf in meinen Armen zu haben, wollt' ich doch nicht! Nicht, weil sie Deine Braut ist, sondern, weil ich nicht will!

FERDINANDO. Sprich anders, lieber Guelfo!

GUELFO. Wer ist der, welcher Guelfo lehren will, wie er sprechen soll! Guelfo hat ausgelernt.

FERDINANDO. Will ich das? will ich das, Guelfo? Ich will nur, Du sollst reden, wie man mit seinem Bruder spricht.

GUELFO. Und ich will, Du sollst gehen!

FERDINANDO. Laß mich meinen Bruder in Dir wieder finden!

GUELFO. Mensch, geh!

FERDINANDO. Wenn ich Dir verhaßt bin, wenn ich muß – Bruder, reit morgen früh mit mir aus; ich hab' Dir viel zu sagen.

GUELFO. Und ich wenig. Ritter Guelfo kann nicht vorhersagen, was er thun will.

FERDINANDO. Lieber Bruder!

GUELFO. Was beliebt? *(von verschiednen Seiten ab.)*

Ende des zweyten Aufzuges.

Dritter Aufzug.

Erster Auftritt.

(Es ist Sturm und Nacht.)
GRIMALDI, *(schläft auf einem Sopha.)* GUELFO, *(tritt auf, ein Licht in der Hand.)*

GUELFO. Ha! verfolgt mich alles? Alle Dämonen und alle Gespenster der Nacht? Mein böser Geist hängt mir auf dem Nacken, er läßt mich nicht, stirrt mich aus allen Winkeln an. Blas' zu! Vergift' mir jedes Fäserchen meines Herzens! Wühl' giftig in meinem Blut! Hu! was martert den Guelfo? wen will Guelfo martern? – Die Glocke ruft dumpf, der Sturm saußt über der Tiber. Eine schöne Nacht! – Ferdinando, gib das Weib! Ferdinando, gib die Erstgeburt! – Wer schläft um mich, und ich will ihm den Schlaf von den Augen stehlen? He, Grimaldi! Kannst Du so süß schlafen? Grimaldi! Grimaldi! gib mir auch Schlaf! *(reißt ihn)*

GRIMALDI. Ha! – ha! –

GUELFO. Gib mir was von dem Schlaf, Du Liebling des Schlafgotts! Theil' den Schlaf mit mir, Grimaldi! mit Deinem Guelfo, der Dir alles giebt! Nur ein kleines Mohnkörnchen Schlaf! – Gott! daß ich bis morgen ausdaure! Der arme Guelfo wird sehr verfolgt, und gejagt! – Grimaldi! schlaf – schlaf nicht! – Grimaldi! gib mir Schlaf!

GRIMALDI. Ach!

GUELFO. Gib mir Schlaf, oder ich erwürge Dich, und hasch' den Schlaf im Fluge von Deinen Augen!

GRIMALDI. Laß mich! ich schlafe kalten Todes-Schlaf – – Bist Du's, Bruder?

GUELFO. Laß das Wort weg! Wisch es ewig, ewig aus der Sprache der Lebendigen! Nenn mich anders, soll ich antworten!

GRIMALDI. Bist Du's, Guelfo?

GUELFO. Freundlicher Grimaldi, Du machst mich wieder gut. Wer anders, als Guelfo, wird zur Stunde der Mitternacht herumgetrieben?

GRIMALDI. Guelfo! so lange Zeit der erste Schlummer, und der war fürchterlich!

GUELFO. Murr nicht! Schlaf kriegst Du wieder, aber Deinen Guelfo nicht.

GRIMALDI. Sieh nicht so schrecklich! Was braußt?

GUELFO. Ha, Schläfer! Hab' ich Dich ertappt? Hörst Du nicht, wie lieblich die Natur mit Guelfo dahin braußt? O ich hab' sie immer geliebt, dafür wütet sie jetzt dankbarlich mit mir. Habe Dank, gütige Mutter! Du bist allein mir Vater und Mutter und – Ferdinando! Laß mich die Sonne nie wieder sehen! Schwarze Donnerschwangere Wolken hängen über der Erde, bis ich fertig bin.

GRIMALDI. Setz Dich her, Guelfo! Du hast einen bösen Tag gehabt, und ich hatt' ihrer viele. Uns wirft das Unglück zusammen, und kettet uns fest an. Wir wollen uns näher rücken. Das Leiden ist ein festes Band; das ist Freundschaft, derer ich achte. Wo kömmst Du jetzt her, Guelfo!

GUELFO. Grimaldi, wenn Deine Sinne nicht zerrissen werden, wie meine, wenn Du mir nicht den tobenden Sturm unterbrüllen hilfst – Grimaldi! ich muß! ich muß! Das Schicksal sprachs aus, ich muß! Blutig schwingt der Todesengel das würgende Schwerdt über mich, und berührt meine Seele! Entschluß ist da, Vollbringen ist da! Alle gute Geister hüllten ihr Haupt ein, und weinten eine Zähre über den verdammten Guelfo. Ich muß! – Grimaldi! wenn ich nicht müßte – Im Sturme sausen böse Geister: Guelfo, du mußt! –

GRIMALDI. Was denn, Guelfo? Um Gottes willen!

GUELFO. Nenn ihn nicht!

GRIMALDI. Guelfo! Laß mich sterben!

GUELFO. Grimaldi soll nicht sterben. Wenn Du mir stirbst, Grimaldi, sollst Du dort Juliette nicht sehen.

GRIMALDI. Behüte, Guelfo! – So red' doch!

GUELFO. Ich hab' nichts, als ein bischen Wuth. Sieh, wie ausgestossen Guelfo da steht! Grimaldi! Morgen Abend ist Hochzeit; ich soll der Knabe seyn, der die Fackel trägt – Hymen! Hymen! Auch ich rufe: Hymen! Ich will euch ein Hymen posaunen, daß Todte sich umwenden – daß die Sonne nie mehr wage, mit Heiterkeit aus ihrem goldnen Gezelt zu schauen! Denn Guelfo wird ein blutiges Brautlied singen! Nicht so bleich, Grimaldi! Ich schwärme nur. Hörst du ein Geheimniß? Ich hab' den Contrackt erwischt, Ferdinando hat alles. Das Guth, das mir die 500 Ducaten abwarf, noch an Rand geschrieben. Sag' das keinem Menschen, Grimaldi! Es macht dem alten Guelfo wenig Ehre; und der alte Guelfo, sagen die Leute, hält viel auf Ehre.

GRIMALDI. Du hast nichts?

GUELFO. Nichts, nichts! Nicht so viel, daß ich mich vergiften könnte! Arm bin ich, wie ein Bettler – trug eben alle meine Baarschaft in die Tiber!

GRIMALDI. Nichts hast Du?

GUELFO. Ich las nicht weiter. Unten stund eine so kleine

bettlerische Zahl, die er mir abgeben sollte, daß ich sie gar nicht wissen mochte. So stehts nun mit mir! Ich hatte den Abend noch ein Gezerr mit dem alten Guelfo, das alles entschied. Der reiche übermüthige Ferdinando wies mir, glaub' ich, die Thüre, wenn ich so fortführe – der alte Guelfo stieß mich wirklich hinaus – Kamilla hielt mich – Grimaldi! bey den Rachgeistern, die diese Sturmwolken peitschen! sie liebt mich! – Sie schlung ihre Hände um mich: »Guelfo! laß Dir Sanftmuth zuhauchen!« – und ich brüllte: »Du hauchst mir den Teufel mehr zu, so sanft und lieb Du auch bist!« – Sie rissen mich weg, und der alte Guelfo gab mir mit meiner Lanze, die hinter der Thür stund, einen Schlag, der mich noch schmerzt. Ich schwieg, blickt' ihn an, und sah den Augenblick, daß er mein Vater nicht ist. Ein Vater, Grimaldi, kann den heissen Guelfo nicht. schlagen. Aber, Alter! ich will auch unfreundlich hinein schlagen! Rauf deine grauen Haare! – Ha! noch schmerzen mich meine Lenden. Und sie alle netzten Ferdinando mit Thränen, schrieen, als hätt' ich sie an der Gurgel: »Einziger, rette uns!« – Merkst Du das Wort? Einziger! Wie viel darinnen liegt! – Das alles nun kam daher, weil ich einige Küsse auf Kamillas Lippen drückte; die brannten den Buben!

GRIMALDI. Stoß mir Deinen Degen durch die Brust! ich mags nicht aushören. – Was blutst Du?

GUELFO. Ich schmiß mit der Stirn auf die Steine, indem sie mich hinaus warfen, glaub' ich.

GRIMALDI. Menschheit! Menschheit! Eine feindliche Hand schüttelte den Loostopf, die Stimme schrie drein: Verflucht fall' es auf die beyden! So fiels auf uns, ausgeleert mit Haß. Wir beyde sind vernichtet, ohne Rettung und Trost. In diesem Augenblick überfällt mich Menschenhaß, daß meinem Gaumen nach ihnen gelüstet. Laß uns die Menschen anfallen, wenn das Ältern thun! Laß sie uns zerreissen! Leg Deinen Degen weg, und schärf Deine Zähne! Ha! ich werd' wahnsinnig mit Dir über das Geschick.

GUELFO. Mord! Mord! und wenn ichs denke, stehn mir die Haare nicht. Grimaldi! rette mich vor meinem Geist! Rette, rette mich!

GRIMALDI. Ermanne Dich! und wenn ich sage, ermanne Dich! sag' ich nichts. Ich wälze mich Jahre im Leiden, und kann mich nicht aufrichten.

GUELFO. Rette mich vor meinem bösen Geist! Horch, hörst Du nicht Trauermusik? Hörst Du kein Leichengeheul? Grimaldi! Ha! nichts? nichts? Hörst Du nicht Wehklagen? Ha!

GRIMALDI. Dein Gehirn ist zerrüttet, armer Narr! Weh denen, die Dich so weit brachten.

GUELFO. Wenn das Getös nur vorüber wäre!

GRIMALDI. Rache und Weh!

GUELFO. Horch!

GRIMALDI. Ich halte Dich in meinen Armen, und will Dich retten. Guelfo! Laß uns zusammen sitzen und absterben, wie der Fisch, dem das Wasser abgeleitet ist. So ists nun. Nicht zu seyn, Guelfo! nicht zu seyn mehr! in die öde Gruft gehüllt – hier nicht mehr! Wir wollen übergehen, und Deine Schwester wird uns empfangen mit Friedenskronen. Komm, sey still! Laß uns über den Tod reden! Ich bin vertraut mit ihm, und will Dir seine Apologie halten, die ganz kurz ist. Guelfo, er ist ein guter Freund, heilt schnell alles Unglück. Du fühlst Dich matt, als hättest Du eine weite beschwerliche Reise gethan, schlummerst ein, und fühlst Dich nach und nach nicht ohne Wollust sterben. Er schmerzt nicht, Guelfo, nur in der Einbildung; er ist viel zu freundlich. Er schlingt Dir ein Band um den Hals, das nicht schmerzt, es ist mit einer einschläfernden Süßigkeit begabt. Kein Morgentraum ist lieblicher. Guelfo, ein herrlicher Gedanke durchzittert mich – nicht zu seyn! Und sind wir so? – Ich meine, des Menschen Bestimmung wäre, zu handeln, sich seinen Brüdern mitzutheilen. Wenn sie das nicht wollen – Guelfo! über das Grab geht der Weg zu Julietten – Du giebst nicht acht!

GUELFO. Schwärme Du immer, Grimaldi! Mich deucht, man müsse sich rächen, und dann sterben. Rache ist Seligkeit, und geh ich dann über, bin ich nicht zwiefach selig?

GRIMALDI. Nachdem die Rache ist – auch zwiefach verdammt.

GUELFO. Hat nicht alles den Stachel zur Rache? Wenn Du den Wurm trittst, windet er sich unter Deiner Sohle, und sucht sich zu rächen. – Ich haß' ihn von der Wiege, haß' ihn von der Stunde, als seine Eitelkeit über mich hinaus wollte – ich haß' ihn von seinem ersten Stammeln. Ha! nannt' er mich nicht einst beym Spiel kleiner Guelfo! und ich schlug ihm vor die Stirne drüber! Siehst Du, wie das, was das Kind dachte, der Mann ausführte? Seine Kleider, die er trug, haßt' ich. Trug er einen Rock von der Farbe des meinigen, zerriß ich meinen. Weil die Jungens alle meine festen Tritte gingen, wollt' ers auch nachmachen; aber ich zerarbeitete meine Kniee so lange, bis sie anders schritten; und die

Kammeraden riefen: »Guelfo, du gehst anders!« – Mich deucht manchmal, ich hasse Kamilla, weil ich sie an seinen Lippen hängen sah. Und wenn ich denk', Grimaldi, was das Leben ist; wie einer, der eine vermögende Seele hat, tief bey der Erde liegt, und ein andrer mit einem schwachen, eitlen, schmeichlerischen Geist über ihn hinaus schreitet und hoch sitzt! Ich bin nur Guelfo – ein Mensch, der wegen seiner Thaten schrecklich unter Freunden und Feinden ist. Da ist Ferdinando, ein eitles, schwaches, elendes, püppisches Männchen, der von Empfindsamkeit viel schwätzt, nichts als ein bischen Mädchenseele hat. – Denn ich weiß noch heute, daß ihm ein Junge eine Puppe nahm, mit der er spielte, sie aus- und anputzte, wie ein kleines Dirnchen. Er heulte, wie ein Mädchen, und lief schluchzend zur Mutter. Und an eben diesem Tage zerschnitt mir einer aus Bosheit die Sehne meines Bogens. Er hatte viele Jahre vor mir; doch faßt' ich ihn, schmiß ihn den Hügel hinunter, wie einen Ballen. Glaubst Du wohl, daß dieser nemliche Ferdinando von der Abendluft krank wurde? Und er ist auf dem Weg, mit den mir gestohlnen Gütern, mit der mir gestohlnen Braut, Herzog zu werden; und ich bin auf dem Weg, ein Narr zu werden über alles das! Aber abdringen will ich sie ihm! er soll sie hergeben, oder sein Leben!

GRIMALDI. Guelfo! sey arm! sey elend! Nur mach, daß Du von dieser Leidenschaft loskommst, die Dich verzehrt!

GUELFO. Ha, Schwätzer! und hast Du Dich nicht aufgerieben? – Ich bitt' Dich, steig auf den Balcon, gebeut dem Sturm, er soll sich legen. Faß' ihn an der Scheitel, und ruf: Was soll das, daß du wider meinen Willen die Elemente erregst, und Verderben anrichtst! – Der beleidigte Sturm wird fortbrausen, Dich hageres Geripp nach der Tiber tragen, Dir seine Macht zu erkennen geben, und gerächt fortsausen.

GRIMALDI. Verflucht! Eine solche Leidenschaft zu unterdrücken gebieten, die die größte Triebfeder unsers Wesens ist – die alles aus uns heraus windet, was wir werden können! – Guelfo, versuch alles! Dring ihn, er soll Dir Kamilla abtreten!

GUELFO. Grimaldi! ich wollt' ihm alles lassen, alle meine andern Begierden sollten schweigen. Aber glaubst Du wohl? – Ha! er müßte der größte Schurke seyn! und er solls! Ich schwör' Dir, er solls! Teufel und Hölle! er solls! – Zitterst Du? Und Du sollst ihm nach! – Ist er mein Bruder? Ist er – er soll!

GRIMALDI. Denkst Du das, so ziehe Deinen Degen, laß mich sterben!

GUELFO. Zum Teufel mit Dir! – horch!

GRIMALDI. Leise Schritte und Seufzer durch den Gang her –

GUELFO. Fort mit Dir! Mein böser Geist kömmt wieder! – Fort mit Dir! Ich will Niemand um mich sehen. Hinaus!

GRIMALDI. Hörst Du nicht wimmern?

GUELFO. Hinaus denn!

GRIMALDI. Guelfo!

GUELFO. Bey meinem Zorn! ich verderbe Dich.

GRIMALDI. Weh uns! weh allen!

Zweyter Auftritt.

AMALIA. *(vor der Thür)* GUELFO.

AMALIA. Mein Sohn, mein Guelfo, bist Du hier?

GUELFO. Ich bin hier – wollt' ich wäre nicht hier!

AMALIA. *(tritt herein und fällt ihm um den Hals)* O mein Guelfo, ich kann nicht schlafen, ich kann nicht wachen. Laß mich mit Dir reden, laß mich um Dich seyn!

GUELFO. Mutter, Sie sind zu einer unglücklichen Stunde gekommen. O es aus Deinem weichen Herzen zu drängen – Ich bitt' Sie, gehn Sie unsanft mit mir um!

AMALIA. Was ists, mein Guelfo?

GUELFO. Mutter, ich wollt', Sie wären nicht gekommen.

AMALIA. Warum, Guelfo? O ich suchte Dich herzlich auf! Unsre Kissen. sind mit Thränen gebadet. Angst und Liebe trieb mich vom Lager auf. Ich schlich mich weg, mußte Dich sehen. An wessen Thür ich vorüber ging, hört' ich Schluchzen und Weinen. Sohn, laß mich Dich zufrieden sehn, alles wirds dann. Guelfo, nimm mir die Angst vom Herzen!

GUELFO. Noch einmal, wärst Du nicht gekommen – um Deinetwillen nicht! Guelfos Weib, kehren Sie zu ihm zurück, und werden Sie ruhig! Sie sind die Einzige auf dieser weiten Erde, für die mein Herz etwas fühlt. Du wirst blutige Thränen weinen. Nein! Du sollst nicht! ich hoffe, nicht. Geh! geh' von mir, wenn Du meine Mutter bist! – Ha! ich beschwöre Dich, sieh nicht blaß und zerschlagen, wie ein Nachtgeist! Ha, Mutter! und auch Ferdinandos Mutter!

AMALIA. Deine arme geängstete Mutter, wie seine. Laß

mich um Dich! Laß mich bey meinem Sohn! Mein Guelfo wird mir freundlich die Angst vom Herzen nehmen, sich mit mir aussöhnen, wenn er mir zürnt. Du bist mein innig geliebter Sohn. Keine Mutter kann ihren Sohn mehr lieben, als ich meinen Guelfo. Gib mir Deine Hand, sey gut! Wie wohl wird mirs dann seyn!

GUELFO. Schone meiner! schone Deiner! – Ich bitt' Sie, wenns aus mir bricht – Blut wird aus Deinem Herzen strömen. Mutter, komm! ich will Dich wegschaffen, durch diesen Sturm tragen, daß Du Ruhe hast!

AMALIA. Guelfo! was denkst Du? Werd' ich nicht selig um Dich seyn, wenn Du mein Sohn bist? – Weg von Dir? von Ferdinando? – Mein Guelfo denkt anders. Ja, wenn Du sagtest, Du wolltest mein Guelfo nicht seyn, mich denn zum Grabe trügst, itzt noch, dann würdest Du mir einen Liebesdienst thun. Und Guelfo! das ist doch mein Schicksal, wenn Du nicht besser wirst – Aber Du wirsts so weit nicht kommen lassen, Liebster!

GUELFO. *(fällt nieder)* Mutter, noch einmal, schone meiner! schone Deiner! Du zerdrückst mir das Herz mit dem Blick und den Reden, verwirrst meine Sinne.

AMALIA. *(kniet zu ihm)* Guelfo, ich knie zu Dir und flehe, laß Dich die Mutter heilen! Ruh an der bangen Brust der Mutter, und hol' an ihrem Herzen Ruh! Dein Herz wird stille seyn, und ruhig Deine Sinne.

GUELFO. Du endest diese Stunde mit mir. Komm! ich will Dich fragen; antworte mir treu!

AMALIA. Das will ich. Der alte Guelfo trauert, Kamilla trauert, Ferdinando trauert.

GUELFO. Kamilla? und wollt mich alle niederweinen? Kamilla soll nicht trauern, keiner soll trauern!

AMALIA. Dein Vater rauft sich die grauen Haare über Dich. Er ging hart mit mir um über Dich.

GUELFO. Laß Dichs nicht wundern, Mutter! Er kann nicht leiden, daß mir jemand gut sey.

AMALIA. Nicht so, Guelfo! Er glaubt, ich stärke Dich im Zorn. Er meints treu mit uns. Er bereuts, daß er Dir heut hart begegnet ist; er bereuts innig.

GUELFO. Mutter! hier, wo Du Deine Hand niederdrückst, schlug der alte Guelfo seinen Sohn, daß es noch schmerzt.

AMALIA. Ich will meine Hand nicht niederdrücken, Guelfo! will Dir sanft über den Schmerz streichen! Verzeih mirs!

GUELFO. Du legst glühende Kohlen auf meine Wunde.

AMALIA. Ich will sie mit meinen Lippen kälten und löschen. Der alte Guelfo thats ungern, ohne Vorsatz.

GUELFO. Ohne Vorsatz? Nein, nein! Er schlug, als wollt' er mich in die Erde schlagen.

AMALIA. Nicht doch! Sieh, Du schossest nach der Lanze, und er fürchtete –

GUELFO. Was? Was?

AMALIA. Deinen Zorn. – Guelfo! es ist ihm leid.

GUELFO. Das solls nicht! Hätt' er mich zu Boden geschlagen, daß ich mich nicht wieder aufgerichtet hätte, dann wärs morgen Hochzeitfest, und ich brauchte nicht zu singen das Brautlied. Ich bin Euch allen ein Abscheu.

AMALIA. Gott bewahr! Guelfo! gib uns Frieden! gib Dir Frieden!

GUELFO. Frieden sollt Ihr haben – hab ich ihn!

AMALIA. Auch die Schimmel sollst Du haben, sobald Ferdinando beym Herzog aufgefahren ist. Ferdinando hätt Dir sie gleich gegeben, aber Guelfo wollte nicht.

GUELFO. Still, Mutter! oder ich renn' in Stall, und stech' sie nieder.

AMALIA. Du wirsts nicht thun, wirst Deiner Mutter schonen.

GUELFO. Keines! Wie Ihr meiner schont!

AMALIA. Guelfo, ich schone Deiner, wie ich Deiner schonte, da ich Dich als schwachen Säugling an meine Brust drückte.

GUELFO. Mutter! Mutter! – und jetzt gehn Sie.

AMALIA. Du wirst mich nicht wegstossen.

GUELFO. Nun Mutter, sag' mir! – sag' mir! – ha!

AMALIA. Dein Auge rollt fürchterlich. Ich will mich hinter Dich verstecken. Guelfo, berge mich vor Deinem Blick!

GUELFO. Schau mich an, Guelfos Weib! Mach denn meiner Quaal auf Einmal ein Ende! Antwort' mir treu!

AMALIA. Wenn ich Dir helfen könnte! – Eil! eil! zögre nicht! – Was stockst Du? Eil doch!

GUELFO. Weib, wer von Deinen Söhnen ist der Erstgeborne? Erschrick' nicht, oder Deine Furcht beantwortet meine Frage! – Wo ist nun die Hülfe, die meine Mutter so schnell versprach? Antwort' auf diese Frage, Mutter! Ich laß' Dich nicht weg, und erliegst Du unter der Angst! Wer ist der Erstgeborne von Deinen Söhnen?

AMALIA. Ferdinando.

GUELFO. Mutter! Auch Du willst Guelfo durch Lügen betrügen? – Mit dieser Lüge stirbt die Mutter aus meinem Herzen, mit dieser Lüge stirbt alles! – Werd' nicht ohnmächtig! Und wenn Du ohnmächtig wirst, will ich Dich aufbrüllen, vom Tod' auf! Halt Dich aufrecht! Ha denn! Mutter, wer von uns beyden ist der Erstgeborne?

AMALIA. Erbarm Dich mein! Erbarm Dich unser aller, schrecklicher Würger!

GUELFO. Belügst Du Deinen Guelfo?

AMALIA. Bey der Angst, die je eine Mutter wegen ihres Kindes erlitten! ich lüge nicht.

GUELFO. Ferdinando wärs?

AMALIA. Ferdinando ists!

GUELFO. Wie ich Dich ertappe, Weib! und wie ich Dich ertapp' auf Deinen Lügen! – Mutter, Sie hätten gehn sollen; nun ists zu spät! – Und Sie meinen, ich wüßte den Betrug nicht? Noch einmal, wer ist der Erstgeborne?

AMALIA. Ferdinando!

GUELFO. Hör' es, Guelfo! Deine Mutter rief sich mit dem Namen aus Deinem Herzen. Es ist Deine Mutter nicht. Ich straf' meine Mutter keiner Lüge; Guelfos Weib log! – Weg, was Mutter heißt! Du bist Guelfos Weib! Werd' nicht ohnmächtig, es hilft nichts! Du sollst mir sagen, wie Ihrs machtet, um mich zu bestehlen.

AMALIA. Guelfo! Guelfo! Die Angst bey Deiner Geburt war so schrecklich nicht. Erwürgst Du Deine Mutter?

GUELFO. Nein! Gott behüte mich vor allem Mord! Aber Sie müssen mirs sagen, wies zuging? wie er der Erstgeborne geworden ist? Wir sind Zwillinge?

AMALIA. Das seyd Ihr! Laß mich sterben!

GUELFO. So nicht! Ich will Dich und Dein Leben fest in meinen Armen halten. Ob Du mich schon halfst zu Grunde richten und klein machen, da ich unvermögend war, will ich Dir doch vergeben – Dir allein! denn der Tod schwebte um Dich.

AMALIA. Du wirst besser.

GUELFO. Noch nicht, liebe Mutter!

AMALIA. Nenn mich fort so! ich hab' Hoffnung.

GUELFO. O wie glücklich ist das Weib! so schnell überzugehen von Angst zur Freude! – Es sieht auf meinem Gesicht vielleicht ganz ruhig, obs schon hier immer tiefer geht. Nun, Mutter! Woran erkennet Ihr, daß Ferdinando der Erstgeborne ist.

AMALIA. Ich weiß nicht – Dein Vater sagts. Als ich zu mir kam, hielt ich Euch beyde, und vergaß alles. Guelfo der starke muß der zweyte seyn, ich litt mehr.

GUELFO. Sagen Sie das nicht. Sie machten, was sie wollten. – Nun ists gut, daß wir so weit sind. Beruhigen Sie sich, und gehn Sie zu Bette.

AMALIA. Guelfo! was willst Du mit dem allem?

GUELFO. Nichts! nichts, unglückliche Mutter!

AMALIA. O das bin ich! Als Gott den Fluch über Eva sprach, fiel er schwer auf mich, vor allen ihren Töchtern.

GUELFO. Gott bewahr Dich, Mutter! – *(küßt sie)* Ich wollt' nun, Sie gingen! – Sagen Sie dem alten Guelfo nichts von dieser Unterredung! Er haßt mich, und es würde ärger zwischen uns. – Geh, Mutter! Gott erhalt' Dich mir, sanfte, liebe Mutter!

AMALIA. Er liebt Dich.

GUELFO. Glaub' ihm nicht, wenn ers sagt! – Gott erhalt Dich! Gott bewahr Dich! – *(küßt sie)* Und wenn ich Dich wieder seh' – Mutter! wenn ich Dich wieder seh' – Gott geb' Dir die Stärke, die Du brauchst!

AMALIA. Er gebe Dir alles, und mir wenig, mein Sohn! Mein Leben ist nichts; er gebe Dir alles! Du brichst mirs Herz.

GUELFO. Noch nicht! – Lebe wohl, Mutter! Mutter, lebe wohl!

AMALIA. O Guelfo – nicht so! Morgen früh komm ich zu Dir geschlichen. Noch wenige Stunden, und die Nacht ist vorüber. – Ich seh Dich. – *(Geht.)*

GUELFO. Ich bin ruhig, laß mich so! – Gute Nacht, Mutter! Gute Nacht, herrliche Mutter!

AMALIA. *(wendet sich an der Thür um)* Gute Nacht! Gute Nacht, liebster Guelfo! *(ab.)*

Dritter Auftritt.

GUELFO. *(allein)* – Mutter! Mutter! Mutter! – Mir ists, ich müßte sie zurückrufen. Eine wunderbare noch nie gefühlte Empfindung durchdringt mich. Ha! noch einmal hat ihre Liebe mein Herz weich gemacht. Mutter! – wenn er nicht? – wenn er nicht? – Ha denn, bin ich Guelfo, und weiß nicht, was wird? – Gute Nacht, Mutter! – *(nach der Thür)* Hörst Du? Gute Nacht! Gott erhalt' Dich! geb' Dir, was ich nicht habe – gute Nacht! keine mehr für mich auf dieser Erde, vielleicht keine mehr für Dich! – Grimaldi! – Schlaf, Trauriger! Ich will dir nun Deinen Schlaf nicht stehlen. Du verläßt mich, alles verläßt mich! Wenn Du mich wieder siehst, und ich hab' sie nicht – Auch Kamilla trauert! Weh mir! o weh mir! – Ferdinando! – der häßliche Laut zerreißt mir die Nerven! – die Erstgeburt und Kamilla! – Wenn Du sie nicht giebst – *(sieht durchs Fenster)* Ha! die blutigen Strahlen durch die Nacht! die erschrecklichen Gespenster! das Heulen und Gesaus! – Wie die Wolken schwarz hängen, blutig durch! Es stürmt erschrecklich fort. Krach! da brachs ein. Hu! – Das arme Weib, wie sie zitternd bekannte! – Stürm' fort! – *(Ins Nebenzimmer ab.)*

Ende des dritten Aufzuges.

Vierter Aufzug.

Erster Auftritt.

(Der Saal.)
AMALIA. KAMILLA. *(mit Kleidern beschäftigt.)*

KAMILLA. Nein, dieses werd' ich nicht anziehn, Mutter.

AMALIA. Warum?

KAMILLA. Die Farbe ist mir zu hell. Und ich weiß nicht, mich deucht – nach meinem Gefühl würd' ich lieber schwarz gehen.

AMALIA. Wenn Sie nur viel sprächen, und nicht so oft im Reden einhielten. Ich muß näher zu Ihnen rücken. Mir ist so bang, so gar ängstlich, wo ich mich hinwende. Kamilla! ich möchte nichts, als weinen. Ich weiß nicht, warum? Lassen Sie mich nah bey sich sitzen – solche Angst hab ich nie gefühlt.

KAMILLA. Mutter, wenn ich stärker wäre, wollt' ich Sie trösten; aber mir fährts mit tausend Stichen durchs Herz, und jetzt – Ferdinando!

AMALIA. Wie erschrecken Sie mich! Was ist Ihnen?

KAMILLA. Nichts, nichts! Es ergriff mich am Herzen, und drückte mich, und's ward mir etwas 'dunkel vor den Augen. – Mutter – verzeihen Sie, ich konnte nicht wider mich halten. Wir wollen nun den Brautputz aussuchen. Wenn wir nur nicht so viele Gäste hätten – Hat der Vater so viele bitten lassen?

AMALIA. Er war nicht abzubringen. Bey solchen Gelegenheiten macht ers nicht anders. Es muß prächtig bey ihm hergehn an solchen Tagen. Wir wollen ihm seine Freude lassen.

KAMILLA. Von Herzen gern, Mutter. Ich will mir Gewalt anthun, lustig zu seyn; aber wirklich bin ich weit davon.

AMALIA. Horch! – Ha! kömmt jemand?

KAMILLA. Erschrecken Sie mich nicht –

AMALIA. Mich deucht, es käme jemand geschlichen nahe zu mir.

KAMILLA. Ich hör so oft meinen Namen mit banger Stimme rufen.

AMALIA. Das geschieht einem oft. Sie machen mich gar traurig.

KAMILLA. Das will ich nicht. *(sieht hinaus)* Es ist ein lieblicher Morgen nach dieser stürmischen Nacht. Möcht Er sich so ändern!

AMALIA. Guelfo! nicht wahr? Seyn Sie getrost, Kamilla! er wird sich ändern. Wir zwey wollen ihn schon besänftigen. Wir wollen immer zusammen seyn; wollen ihn aufsuchen, er mag flüchten, wohin er will. O wir wollen den lieben Guelfo mit Liebe verfolgen! Ferdinando thuts auch.

KAMILLA. Ich will alles thun, ich bin ihm sehr gut. Unser Leben wird dann erst Leben seyn.

AMALIA. Gott segne Dich, meine Tochter! – Was fahren Sie schon wieder auf?

KAMILLA. O wenn ein Vögelchen von einem Ast auf den andern fliegt, und nur ein Blättchen rauscht, rauscht mirs durchs Herz. Ferdinando! kehre schnell zurück!

AMALIA. Um Gottes willen!

KAMILLA. Warum weinte er, als er ging? Warum fiel er mir so geängstet um den Hals, und sagte ein so gepreßtes Lebewohl? Noch fühl' ich, wie seine heissen Thränen meine Wangen herabrollten. Nahm er nicht auch so von Ihnen Abschied?

AMALIA. Eben so. Aber das macht seine Liebe. Ich bitte Sie –

KAMILLA. Mußt' er denn just heute ausreiten! Nahm er ein wildes Pferd? Sagen Sie mirs! Wenn er stürzte!

AMALIA. Ich weiß nicht.

KAMILLA. Schicken Sie doch Boten nach ihm! Ich kann nicht ruhen; ich laufe nach ihm, wenns länger dauert.

AMALIA. Ich vergeh' für Angst.

Zweyter Auftritt.

ALTER GUELFO. VORIGE.

ALTER GUELFO. Guten Morgen! guten Morgen! – Warum seht Ihr so blaß?

AMALIA. Und Du so zerstört?

ALTER GUELFO. Mir ist doch nichts, als daß ich manchmal furchtsam um mich seh. Ich komme, mich bey Euch zu zerstreuen.

KAMILLA. Ist Ferdinando noch nicht zurück?

ALTER GUELFO. Er kann nicht lange mehr bleiben. Das war eine schreckliche Nacht. Seitdem ich lebe, hab' ichs so nicht stürmen gehört. Unsre ganze Orangerie ist zerschlagen. Alle Bildsäulen liegen zerschmissen weit von den Fußgestellen. Ferdinandos Lieblingsbaum ist vom Gipfel, bis auf die Mitte zersplittert; wie wird er trauern, kömmt er zurück! Wir müssens ihm heute nicht sagen;

hört Ihrs? Der schönste Baum, der auf viele Meilen zu finden ist. Weiß Gott, wie ich mit Kummer und Ahndung die schönen breiten Äste, die uns so oft Schatten gaben, zur Erde hängen sah!

KAMILLA. Was soll das all' noch werden?

AMALIA. Der schöne Baum, unter dem wir so oft mit ihm sassen, und er uns die halben Sommernächte beym Mondschein mit der Harfe wegspielte!

ALTER GUELFO. Ich suchte Hülfe bey Euch, und Ihr machts schlimmer. Was ist Ihnen, Tochter?

KAMILLA. Nichts, nichts!

ALTER GUELFO. Ich fürchte, Guelfos Haus bedroht grosses Unglück. Es sind fürchterliche Zeichen diese Nacht geschehen. Der Wächter will die Todtenglocken von den nächsten Klöstern her gehört haben. Man trug Leichen an ihm vorbey, und schwarz verhüllte Männer wehklagten durch den Sturm.

AMALIA. Still! Kamilla wird bleich und todt.

ALTER GUELFO. Tochter! Tochter! Was wird uns das thun? Daß ichs auch erzählte! Kommen Sie zu sich! Vergessen Sies!

KAMILLA. Mir ist nicht wohl. Es wird schon besser. Reden Sie was anders, Vater! Hat Ferdinando ein wildes Pferd?

ALTER GUELFO. Nein, nein! O, so nah ists nicht! Ich lege das ganz anders aus. Seyn Sie munter! Amalia, sey munter!

AMALIA. Wo ist der Ritter?

ALTER GUELFO. Er ritt vor Sonnen Aufgang hinaus, der wilde Jäger Nimrod, mit Lanz und Schwerdt. Gott beßr' ihn, oder kehr' er nie wieder! Noch so eine Begebenheit, wie die gestrige, und ich streich' ihn aus! Er bringt uns alle um. Ich hab' eine Nacht gelebt – wenn ich noch so eine leben soll, will ich mich lieber auf die Galeeren schmieden lassen. Sein Zorn ist verflucht.

AMALIA. Fluch Deinem Sohn nicht, Vater!

KAMILLA. Lassen Sie sich nicht hinreissen! Der Ritter wird sanft werden und verträglich. Wir nehmens über uns.

ALTER GUELFO. Steh Euch der Himmel bey! Ich seh nicht lange mehr zu. Ich hoffte, es sollte gut gehen. – Der Stallknecht sagte, er habe sich auf seinen tollen Türken geschwungen, mit dem Pferde wie mit seinem Freunde gesprochen, und die Thränen wären dem Thier auf die Mähnen gefallen. Aber gleich kehrte der wilde Guelfo zurück. Er fragt' ihn, ob er nichts an mich zu bestellen hätte? und er gab dem armen Kerl die Peitsche, daß er noch heult und wimmert.

AMALIA. Denk nicht dran!

ALTER GUELFO. Nu stille denn! die Sonne soll uns freudig finden an Ferdinandos Hochzeitstag. Ich hab grosse Gesellschaft bitten lassen, und keiner schlugs dem Guelfo ab. Diesen Abend will ich Euch Ball geben; und wer mir nicht lustig ist, der soll dem Guelfo und dem traurigen Grimaldi Gesellschaft leisten.

AMALIA. Die werden dabey seyn, Guelfo!

ALTER GUELFO. Ich zweifle.

KAMILLA. Warum?

Dritter Auftritt.

GRIMALDI. VORIGE. *(hernach)* BEDIENTE.

GRIMALDI. Ist Guelfo noch nicht da? Wo ist Guelfo? Ha, Alter! wo ist Dein Sohn?

ALTER GUELFO. Wo ist er? Wo ist er?

GRIMALDI. Verflucht sey mein Schlaf! verflucht sey ich! Guelfo! Guelfo! Alter, ich will Dirs abzwingen, das Geheimniß! Wo bist Du mit dem Ritter hingekommen? Wo hast Du ihn hingeschafft?

ALTER GUELFO. Wollen Sie die Weibsleute zu Tode ängstigen?

GRIMALDI. Vater! Du hast den Guelfo ausgestossen! hast Dein bestes Kind ausgestossen! Wo ist er?

ALTER GUELFO. Sind Sie wahnwitzig?

GRIMALDI. Wär' ichs! von Sinnen und Verstand völlig! Wo ist Ferdinando?

ALTER GUELFO. Ausgeritten – und er ausgeritten.

GRIMALDI. *(fällt traurig auf einen Stuhl)* O Grimaldi! dein Guelfo! dein Freund!

ALTER GUELFO. Weg von hier! Was? Wollen Sie uns hier alle den Todten ähnlich machen?

GRIMALDI. Guelfo! Guelfo! Du brichst mirs Herz! *(ab.)*

ALTER GUELFO. Er ist rasend worden.

KAMILLA. Wenn ich nur fort könnte!

AMALIA. Horch! horch! ein Pferd!

KAMILLA. Ha, mein Ferdinando! Laßt mich ans Fenster, daß ich ihm ruf', ihm zuwink! *(ans Fenster)* Ein Pferd ohne Reuter jagt scheu herein. Ist das Ferdinandos Pferd? Vater, ists Deines Sohnes Pferd? – O geschwind! geschwind!

AMALIA. Ists Ferdinandos Pferd? Willst Du nicht reden?

ALTER GUELFO. *(ohne Antwort)*

AMALIA. Er sagt nichts – Ferdinando! Ferdinando!

KAMILLA. Hinaus! Ich will ihn aufsuchen – er ist gestürzt, er ist todt!

ALTER GUELFO. Bleibt ruhig, ich will hinaus reiten. *(klingelt)*

BEDIENTE *(kommen.)*

ALTER GUELFO. Sattelt Pferde! sitzt auf!

BEDIENTE. Unsers Herrn Pferd läuft ledig.

ALTER GUELFO. Eilt euch! – Halt't Euch aufrecht, Weiber! Wer weiß, was es ist!

KAMILLA. Das Pferd sieht scheu. O Blut! Blut! am Sattel! Guelfo, Deines Sohns Blut!

AMALIA. Gott! Gott! – *(Sie sinken beyde am Fenster nieder.)*

ALTER GUELFO. Wollt Ihr mich umbringen? Wollt Ihr mir allen Entschluß nehmen? Wenn Ihrs so forttreibt, kann ich nicht aus der Stelle. Der Schreck ist mir in alle Glieder gefallen. Weiber! Weiber! *(will sie aufrichten.)* Gott, der Allmächtige, heb' Euch auf! ich bin zu schwach. *(ab)*

AMALIA. Geh! geh! Schick eilends Boten zurück! – Komm zu Dir, Tochter! es ist ihm nichts. Laß mich nicht! O bey Deiner Liebe, bey Deinem Ferdinando, verlaß mich nicht! Komm zu Dir! Erbarm Dich, zartes Mädchen! – So! schlage Deine Augen auf! Wein' nicht! – O ich danke Dir! – Sieh mich an!

KAMILLA. Ist er noch nicht da?

AMALIA. Ein Pferd!

KAMILLA. Mein Ferdinando!

AMALIA. Ritter Guelfo sprengt wütend herein. Stürz' nicht! Ha! halt Dich! – Guelfo, wo ist Ferdinando?

KAMILLA. Ruft ihm der Vater zu?

AMALIA. Ja, ja. – Er lacht bitter. – Was weiß ichs! sagt er.

KAMILLA. *(aus dem Fenster)* Guelfo, wo ist er? – Nicht so unfreundlich, Guelfo! – Wo ist Ferdinando? Gib mir das Leben mit einer Antwort!

AMALIA. Noch nicht? – Mein Sohn! – Er ist weg.

KAMILLA. Er kömmt herauf. *(laufen nach der Thür.)*

Vierter Auftritt.

RITTER GUELFO. KAMILLA. AMALIA.

GUELFO. Hi! hi! was weiß ich! Bin ich Hüter Deines Bräutigams, schönes Mädchen? Bin ich Hüter Deines Sohns? – Hi! hi! Komm, Kamilla! schöne Kamilla! setz Dich auf mit Ritter Guelfo durch die Welt! – He! Kamilla, sieh nicht bleich! – Weg! rührt mich nicht an! Wo ist Ferdinando? Hi! hi!

KAMILLA. Ich laß' Sie nicht los.

AMALIA. Halt ihn! wir wollens ihm abzwingen.

GUELFO. Ich weiß nichts. Weg!

KAMILLA. Ritter, ich dachte, Sie wären mir gut, und nehmen mir das Leben.

GUELFO. Gut Dir? Ey ja doch! ey ja doch! lieb, Du sanfter Engel! Komm ich will Dich drücken und herzen! – Weg von mir! – Tausend Vergebung, schöne Braut! – Gut? – Ja doch! ich bin Dir gut.

KAMILLA. Wir wollen hinausfahren, ich halts nicht länger aus. – O Ferdinando, Du lebst! Ein Strahl von Hoffnung durchzittert meine Seele. *Beyde ab.*

GUELFO. *(allein, nach einigem Schweigen)* Wo bin ich? *(kömmt vor den Spiegel)* Rächer! Rächer mit flammendem Schwerdt! Hast du eingegraben auf meine Stirne den Mord? hast du ausgesprochen über mich, daß die Himmel zitterten: Unstät und flüchtig! – Hast du's? den Fluch noch nicht? und er brüllt um mich! – Rächer! hi! hi! ich thats wohl! Kömmt er noch nicht, mit glühender Hand den Mord einzugraben? – Ha! ich kann mich nicht ansehen! Reiß dich aus dir, Guelfo! *(zerschlägt den Spiegel)* zerschlage dich, Guelfo! – Guelfo! Guelfo! geh aus dir! Schaff' dich um! – Jetzt will ich schlafen! O jetzt will ich sanft schlafen! Ferdinando ließ mich lange nicht schlafen, jetzt wird er mich schlafen lassen. Ich will schlafen, Blutiger! und wenn tausend brennende Dolche durch meine Seele gingen. Gute Nacht, Guelfo! hi! hi! gute Nacht, Guelfo! *(wirft sich auf den Boden nieder.)*

Fünfter Auftritt.

GRIMALDI. GUELFO.

GRIMALDI. Bist Du da? Gott sey Dank! Wo ist Dein Bruder?

GUELFO. *(springt auf und Grimaldi sinkt zurück)* Was störst Du mich im Schlaf? Weg! ich will den Schlaf herzaubern. Ich muß, muß schlafen. Hinaus! *(faßt ihn an)*

GRIMALDI. Mann mit diesem Würgblick, schone meiner, daß Du Dein Gewissen nicht beschwerest mit Mord!

GUELFO. Mord? hi! Steh auf, Grimaldi! Mich deucht, Du bist's? – Sieh mich an! und wenn Du lügst, hol ich meine

Lanze, und spieß' Dich! – Was steht auf meiner Stirne? *(wischt sich die Stirne mit Angst)* Ich wills tilgen! herausbrennen!

GRIMALDI. Guelfo!

GUELFO. Was steht auf meiner Stirne, Unglücklicher?

GRIMALDI. Brudermord!

GUELFO. Ha! So will ich Dich zerstieben! die Winde sollen Deine Asche davon wehen! – Brudermord? Schändlicher Lügner!

GRIMALDI. Gott sey Dank, wenns anders ist!

GUELFO. Ha! Du Demüthiger! was dankst Du? Ich steh da, traue mein Haupt nicht zu heben zum Himmel. Die Sonne würde mich blenden, und der Rächer aus den Wolken Blitze senden, meine Seele zu vernichten, richtete ich meine Augen zu seinem Sitz. Stehts nicht auf meiner Stirne?

GRIMALDI. Gefolterter Geist, Wuth und Verzweiflung.

GUELFO. Schäm' Dich, Betrunkner. Süsser, sanfter Schlaf hängt auf meinen Augenliedern, der mich einwiegte, wenn ihr alle gingt, die ihr so gräßlich um mich heult. Mir war nie so wohl. Und ich hab' ihn doch ermordet, hab' ihn erschlagen, als er mir nicht geben wollte die Erstgeburt, als er mir nicht geben wollte das Weiblein; als er sagte: Ich bin Herzog, auch Du sollst steigen! – Ich hab' ihn gestreckt in Staub, als er bat um ein Gebet zum Rächer! – Er winselte und röchelte dumpf aus hohler, langsamer Brust. Ich habe meinen Feind erlegt, hab' der Schlange den Kopf im Staube zertreten! Er liegt! Als er lag, rief ich: Verflucht, die mich geboren! schwung mich auf, und die Sonne verkroch sich. Wolken raubten ihr das Licht, wie ichs dem Feinde stahl – Ich nahm Staub und warf ihn hinter mich mit seinem Gedächtniß! – Als er schrie: Guelfo! Guelfo! fuhr mir ein Feuer durchs Herz, daß ich ächzte. Wo ich hinseh', ziehts blutig um mich, heult und winselt – mir ist wohl!

GRIMALDI. Du hast den Bruder ermordet?

GUELFO. Den Feind! *(stößt nach ihm)* den Dieb der Erstgeburt! Ha! werden sie heulen, ihre Hände starr zum Rächer erheben: Wehe! Wehe! – werden sie ihn mit Thränen baden, wegschwemmen sein Blut – rufen: Einziger, steh auf! – Aber stark ist Guelfos Faust. Schrey mit! Ich will meine Ohren zustopfen, will mich verschanzen hier vor Rache und Weh'! Wer mir nahe kommt – hi!

GRIMALDI. Flieh'! flieh'! Dein Anblick tödtet.

GUELFO. Nein! Bleiben will ich, und sie quälen! Ich will ihnen nach und nach das Herz zerreissen mit Fluchen! Grimaldi! Was faßt Du mich an so hart? was drückst Du mich, daß Tropfen aus meinen Augen springen?

GRIMALDI. Ach Guelfo!

GUELFO. Du hältst mich immer fester – Deine Hand wird immer feuriger – Hast Du den Bund mit ihm gemacht? Ist sein Geist in Dich gefahren? Ich will ihn herausjagen noch einmal. So sah er aus – so, so! Wie er an die Eiche sunk – rief: Bruder! – und wie ich in den Wald lachte, daß es ins Echo pfiff! – Laß mich los! was hältst Du mich? – Bist Du nicht Grimaldi, der mir gut war?

GRIMALDI. Guelfo, meine Stunde ist da. Wo Du ihn erschlugst, sah' er gestern seinen Geist.

GUELFO. Der Geist log nicht. – Jetzt will ich schlafen, jetzt will ich mir Guts thun mit Schlafen! So lange nicht geschlafen – werd ich einmal schlafen! *(legt sich nieder)* Ha, Kain! kannst Du nicht schlafen? Wie sie ächzen, den

Todten mit Thränen salben, den Einzigen mit Küssen zum Leben rufen! Heult! heult! heult! Guelfo schläft ja. O laß mich schlafen, fünf Augenblicke nur! – Laß mich schlafen Einen Augenblick – o denn nur einen halben! – Ha, Grimaldi! Er faßte die dicke Eiche, schlung sich drum herum, als wollt' er sein Leben halten – und ich riß ihm Eich' und Leben aus der Hand, das er fest hielt! – Er sah nach mir mit einem Blick, der so todt, bittend und voll Angst war – schrie: Bruder! Bruder! Kamilla! – Die rief er zuletzt, und das war gut. Da kriegt' er den Schlag! – Guelfo! mußt' er Kamilla rufen? – Ha! Schreckgeister! Guelfo schläft. – *(Der Vorhang fällt.)*

Ende des vierten Aufzuges.

Fünfter Aufzug.

Erster Auftritt.

(Ein düsteres Zimmer.)
(Ferdinandos Leichnam liegt in einem Bette, AMALIA *und* KAMILLA *netzen ihn mit Thränen, zu seinem Haupt stehend. Der* ALTE GUELFO *steht in einiger Entfernung. Stiller, heftiger Ausdruck des Schmerzes.)*

ALTER GUELFO. *(Nach einer langen Pause)* Wollt Ihr Leichen auf Leichen häufen? Weiber! Weiber! weg! erbarmt Euch!

AMALIA. Leichen auf Leichen, Vater! Ich will mit meinem Ferdinando gehen, das soll mir niemand wehren. Ich will mich an seine blutigen Locken hängen, er wird mich mitnehmen. Nimm mir diese runde Locken! nimm mir sie, Alter! Meine Hände sind an den Todten gewachsen. Meiner erbarmt er sich; nimm mir ihn!

ALTER GUELFO. So häuft Leichen auf Leichen, und ich stehe im öden Haus verwaist, meine Kronen heruntergerissen! Mein graues Haar in sein Blut getaucht, steh ich allein! – Ha! so überschwemmt ihn mit Euren Thränen, daß ich den Holden nie mehr erkenne! – Weiber! Weiber! laßt den seligen Geist zur Ruh!

KAMILLA. Bring' mich hier weg, Vater! Meine Hände sind warm, meine Liebe heiß, und meine Thränen – steh' auf, mein Ferdinando! Oh! wir Weiber wollen sein Leben erwärmen! – Und sieh', seine blasse Wangen leben! Weile nicht, mein Bräutigam! Weile nicht! die Braut harrt Deiner.

AMALIA. Faß' ihn fest, und letz' ihn! – Ha! wenn ich ihm

über die Stirne streich', wenn ich seine blutigen Locken um meine Hände winde, zuckt er nicht, und sein grosses Aug' öfnet sich?

KAMILLA. Horch! ich küßte seine Lippen – horch! rufts nicht?

AMALIA. Schlägt sein Herz nicht? Die Mutter erwärmts. Horch!

ALTER GUELFO. Wehe! Wehe! Verflucht die Hand, die's that! Verflucht die Hand, die dem Greis den Sohn, der Braut den Bräutigam erschlug! Wehe! Wehe! Ich stehe da verwaist! Niemand erbarmt sich meiner, da mein Bester erschlagen liegt.

AMALIA. Der Liebe liegt nicht erschlagen. Braut, faß' ihn! Unsre Liebe wird den Kalten erwecken. Er hat uns noch kein Lebewohl gesagt – so geht Ferdinando nicht.

ALTER GUELFO. Wehe! Wehe! Laßt den seligen Geist zum Himmel, daß er den Mörder anklage, rufe Rache und Weh! –

AMALIA. Du willst mich von ihm reissen, mich, die ich ihn gebar? – Ich gebar sie mit Angst; als ich sie schreyen hörte, schwand alles. Ich hub die Knäblein auf, dankte, benedeyte sie mit meinen Thränen. Laß mich nun diesen benedeyen! meinen Sohn wiederrufen!

ALTER GUELFO. Ich will mich niederlegen, und sterben. Gott! Du hast mich zerschlagen! Du ließt den Einzigen erschlagen, ließt ihn vom Bruder erschlagen! Heiliger, rette mich! rette diese aus naher Verzweiflung! Vom Bruder erschlagen liegt er!

AMALIA. Vom Bruder nicht erschlagen! Gott! nein! – Ha! Du willst sagen, er thats! Du willst, daß ich die Stunde verfluche, in welcher ich zwey rüstige Knaben gebar?

ALTER GUELFO. Du sollst die Stunde der Geburt verfluchen, die den Mörder brachte. Von ihm erschlagen liegt er! Kein Mensch auf Erden schlägt solche Todeswunden als Guelfo.

AMALIA. Nein! nicht! Mein Einziger und jetzt mein Einziger thats nicht! Hat er nicht seine Mutter lieb? und sollt' ihr den Geliebten erschlagen?

ALTER GUELFO. Decke die Decke des Todes über ihn! Er schlug ihn an der Stätte, wo er seinen Geist aufsteigen sah'. – Riß der Hund des Erschlagenen nicht ein Stück aus dem Gewand des Mörders? Ist seine wütende Spur nicht in Boden eingedrückt? – Decke die Decke des Todes über den Holden! Und nun laß Deinen Guelfo kommen, dem Todten vor der Stirne stehen, das Bekenntniß ablegen, den Mord abschwören, die blutige Locke in der Hand, die Todeswunde betasten, aus welcher das friedliche Leben quoll, aus welcher des Vaters Leben quoll! Laß ihn kommen, und das thun!

AMALIA. Er soll nicht kommen, den Erschlagenen zu sehen. – Braut, bist Du dem Bräutigam gefolgt? läßt die Mutter?

KAMILLA. Mutter, leite mich zu ihm, daß sich an seinem Haupt meine Seele löse!

ALTER GUELFO. *(deckt den Leichnam zu)* Guelfo! Rache und Weh!

AMALIA. Heil! Heil meinem Guelfo! meinem einzigen Kinde von drey Lieben! Warum willst du mir diesen wegreissen? diesen hat der Tod gefressen; Du willst grausamer seyn, und mir beyde aufzehren? Ha! was soll der Dolch, der aus Deinem Busen blinkt? Ich will Dir ihn entreissen, und diesem folgen!

ALTER GUELFO. Weib! Weib! Nähm' sich der Herr meiner nicht an, ich stieß mir ihn durchs Herz – ließ Dich allein verzweiflen! – Ich leb' wegen Deiner, Weib! Mein Herz ist mehr zerstossen, weil ich nicht dicke Thränen weinen kann, wie Ihr.

Letzter Auftritt.

RITTER GUELFO. VORIGE.

GUELFO. Warum laßt Ihr mich nicht in tiefem Schlaf liegen? Was schreyt Ihr, was heult Ihr, die Hände gehoben zum Rächer? Was zittert Gewinsel durchs Haus, und zerreißt meine Seele?

ALTER GUELFO. Mörder! Mörder, willst Du auch uns erschlagen?

GUELFO. Mörder Ihr! Ha!

AMALIA. Guelfo, flieh! Du bist nicht Mörder! Deine Hand ist nicht blutig! Ich häng' an Deinen Knieen, Du bist nicht Mörder! Du hast ihn nicht erschlagen, hast nicht!

GUELFO. Wen erschlagen? Wer liegt erschlagen?

KAMILLA. Du hast der Braut den Bräutigam erschlagen.

GUELFO. Ich habe keinen erschlagen, weiß von keinem.

ALTER GUELFO. Wo ist Dein Bruder, Mann mit dem Feuerblick? Du mit dem rollenden Auge der Verzweiflung, wo ist Dein Bruder?

GUELFO. Alter! ich hatte keinen Bruder.

ALTER GUELFO. Wo ist Ferdinando, Dein Bruder? Ha, Giftiger! Schüttle Deine starren gehobnen Haare! schüttle den Mord von Dir! Wo ist Ferdinando?

GUELFO. Wer heischt von mir, Ferdinando zu hüten? Hat ers verdient um mich? Ich hab ihn nicht gesehn, mag ihn nicht gesehn haben, mag ihn ewig nicht sehn!

ALTER GUELFO. Hörst Du den Rächer, der im Wind daher fährt, Dich wegen Mord und Meineyd zu strafen? – Meine Kniee zittern –

GUELFO. Komme der Rächer! ich weiß nichts.

ALTER GUELFO. Soll ich die Decke des Todes heben? Weh' über Dich!

GUELFO. Hebe die Decke des Todes und der Hölle!

ALTER GUELFO. Tritt herbey! – Hast Du nicht diesen erschlagen? *(hebt die Decke)* Hast Du nicht Vater, Mutter, Braut erschlagen mit diesem? Lege Deine Hände auf ihn! schwör!

GUELFO. Ich lege meine Hände nicht auf diesen. Den erschlug ich, der auf mich blickt mit starrem kalten Auge, der seine blutigen Locken schüttelt und Tod. Mit starker Faust erschlug ich ihn an der Eiche. – Blick' auf mich, Blutiger! Blicke Tod! – Ha! ich reiß ihn von mir, und aller Tod auf Dich! – Verflucht sey er und Ihr! – Ich erschlug ihn, daß Ihr ihn mit Eurer Liebe aufwecken mögt. Ha! habt Ihr keine Liebe, den Einzigen zu erwecken? Verflucht Ihr und ich! Ich sang ihm das Brautlied, kränzte den Bräutigam, sang, sang – Fluch Euch!

AMALIA. Erbarmen! Erbarmen! Fluch' der Mutter nicht!

ALTER GUELFO. Fluchst Du dem Vater, da Du ihm den Besten erschlugst?

GUELFO. Er hat mir die Erstgeburt gestohlen, hat mich verdorben und Ihr! Er hat mir diese gestohlen, die bleich da liegt. Ich erschlug ihn, da er mir das Meinige nicht geben wollte.

ALTER GUELFO. Ich will Dein Gewissen nicht foltern mit Entdeckungen Deiner Verblendung, von Gott Verfluchter! Geh mit Brudermord zur Hölle! Weh' über Dich!

AMALIA. Erbarm Dich seiner, er mordet uns! Tod blickt aus ihm.

GUELFO. Rufet Rache und Weh!

AMALIA. Flieh', Guelfo! flieh! Ich will mich vor Dich stellen, Dein Schild seyn.

ALTER GUELFO. Deine Spur sey ausgetilgt auf Erden! ausgetilgt hier! Verflucht!

AMALIA. Decke die Decke des Todes! Der Blutige steigt auf.

GUELFO. Steig' er auf! – Rächer! Rächer! – Ich hab' ausgeredt. *(verhüllt sich.)*

ALTER GUELFO. Sang nicht der Schwan seinen Todtensang? sah' in der Ferne seinen Geist aufsteigen, wo der Verfluchte den Scheitel des Gerechten schmetterte? Horcht' er nicht den Todtenruf an der Braut Seite und zitterte? – Du hast ausgesungen Dein Lied! Du hast verlassen Vater und Mutter im Jammer! Du liegst erschlagen vom Bruder der Verdammung! – Gott erbarm' dich seiner! Gezeugt zum Fluch – Fluch! Fluch! Erbarm' dich seiner! Hier steht er verhüllt, bebt, Rächer, entgegen der Rache!

AMALIA. Rächer, strafe die Mutter! schone hier und dort!

ALTER GUELFO. Ich stehe da, wie Adam, als ihm der Gerechte erschlagen ward. Eva heult, die Braut klagt, Kain flucht den Alten – Rache und Weh! – Gott! ich danke dir, daß du mein Gefühl starr machst, daß du den Ermordeten jetzt aus meinem Herzen reißt mit dem Mörder – *(zieht einen Dolch.)*

AMALIA. Was willst Du?

ALTER GUELFO. Weib! wenn er lebt, soll ihm der Blutrichter das Haupt abschlagen vor Deinen Augen? Soll er irren, doppelt verdammt, unstätt und flüchtig? – sterben durch den Henker, Guelfos Sohn? – Der Blutige ruft Rache! – Rächen will ich Vater Guelfos Sohn! erretten von der Schande Guelfos Sohn! leben im Jammer verwaist – *(stößt ihn nieder.)*

Ende des fünften Aufzuges.

Zu dieser Ausgabe

Der vorliegenden Ausgabe liegt der Erstdruck von Klingers Drama zugrunde:

> Die Zwillinge. Ein Trauerspiel in fünf Aufzügen. In: Hamburgisches Theater. Erster Band. Hamburg: J. J. C. Bode, und im Verlag der Theatral-Direcktion 1776, S. 1–88.

Dabei folgt die Edition der Erstausgabe nach dem Exemplar der Österreichischen Nationalbibliothek (Sign. 629732-B).

Lediglich zwei Emendationen wurden gegenüber der Druckvorlage vorgenommen; sie sind nachfolgend aufgelistet:

96,16 sitzts] sitzs
72,9 hingeschafft] hingeschaft

Dokumente

1. Ankündigung in: Theatralisches Wochenblatt, 3. März 1775

In Betrachtung, daß unsere guten Schriftsteller bisher fast gar keine Aufmunterung gehabt haben, für das Theater zu arbeiten, als den Trieb ihres Genies [...]; haben wir geglaubt, es sei unsre Pflicht, nach unsern Kräften etwas beizutragen, daß diejenigen unter unsern deutschen Genies, die nicht in solchen Glücksumständen leben, daß sie bloß ihrem Triebe Raum geben können, gleichwohl einen Theil ihrer Muße der Bühne widmen dürfen, ohne zu fürchten, daß sie Zeit, Mühe und Talente ganz umsonst verschwenden möchten.

Wir erbieten uns also, für jedes Originalstück, von 3 oder 5 Akten, es sey Trauer- oder Lustspiel, dem Verfasser 20 alte Louisd'or, jedoch unter folgenden Bedingungen zu bezahlen.

Wir müssen nämlich 1) ersuchen, daß das Stück von der Beschaffenheit sey, daß es a) in Ansehung seines sittlichen Inhalts auf die Bühne gebracht werden dürfe; daß es auch b) um aufs Theater gebracht zu werden, keine ausserordentliche grosse Kosten an ungewöhnlichen Kleidertrachten, und sonstigen Dekorationen erfordere; ferner c) nicht die Anzahl der agirenden Personen übersteige, die man billiger Weise auf einer deutschen Bühne erwarten kann. d) Ob wir gleich Trauerspiele in Versen nicht ganz ausschliessen, so werden uns gleichwohl die in Prosa, von sonst gleicher Güte, viel lieber seyn.

2) Müssen wir bitten, daß man uns nicht so verstehen

möge, als machten wir uns verbindlich, jedes Stück, das uns der Verfasser zuschickte, mit 100 Thalern bezahlen zu wollen. Wir wünschen, durch diesen Weg mehr gute Originalstücke auf unser Theater zu bringen. [...]

3) Bleibt der Verfasser zwar immer Herr über sein Manuscript, und kann es nach eigenem Belieben einem Verleger verkaufen, oder für eigene Rechnung drucken lassen, bis es, vom Tage der ersten Vorstellung angerechnet, 6 Monate auf dem Theater gewesen. [...]

4) Lassen wir uns gerne gefallen, und sehen es gewissermassen sogar lieber, wenn uns die Stücke ohne Namen der Verfasser eingesandt, und nur eine sichre Adresse, wohin wir entweder das Stück, oder das Geld remittieren sollen, bekannt gemacht werde [...].

Hamburgisches Theater. Erster Band. Hamburg 1776. S. IV–VIII.

2. *Johann Heinrich Miller an Johann Heinrich Voß, 12. September 1775*

Klingers kleinere Poesien gefallen mir auch nicht; sie sind zu regellos, mit zu wenig poetischem Mechanismus geschrieben, und zu unverständlich. [...] Du mußt ihm nur deine Meynung behutsam schreiben: Er ist etwas empfindlich. Sonst ist er ein ganz vortreflicher Mensch, und ich lieb ihn sehr. Heut hat er mir wieder eine herrliche Szene aus seinem Pyrrhus geschikt. Auch hat er ein Stük fertig, die Zwillinge, nach allen Regeln des Theaters. Er wills an die Ackermannsche Gesellschaft schiken.

Der Briefwechsel zwischen J. H. Miller und J. H. Voß. Hrsg. von Manfred von Stosch. Berlin/Boston 2012. S. 117. –

3. *Johann Heinrich Voß an Ludwig Christoph Heinrich Hölty, 14. November 1775*

Grüß Leisewitz. Sein Trauerspiel ist mir zurückgegeben, weil Klingers Zwillinge, die schon vorher angekommen waren, eben den Inhalt haben.

HKA 2. S. XVII –

4. *Klinger an Philipp Christoph Kayser, 24. November 1775*

Von Akermann krieg ich 20 Louis d'or für meine Zwillinge. Sie werden nun bald in Hamburg gespielt werden. Nach der ersten Vorstellung bekom ich das Geld. Sie glauben all es sey von Göthen u. spielens wohl unter seinen Namen, das ich gern gehen lass. Göthe schrieb mir das aus Weimar.

HKA 2. S. XVII –

5. *Heinrich Christian Boie an Friedrich Wilhelm Gotter, 10. Juni 1776*

Ein Stück voll Kraft und, wie mirs scheint, Ueberkraft. Brockmann spielt so, daß ich über ihn den Gang des Stücks vergaß.

Max Rieger: Klinger in der Sturm- und Drangperiode. Mit vielen Briefen. Darmstadt 1880. S. 105.

6. Rezension der Erstausgabe und Hamburger Aufführung, 11. Juli 1776

Das erste Stück in diesem Bande ist ein Trauerspiel des Herrn Klinger, die Zwillinge. Nach unserem Urtheil eins der vorzüglichsten Produkte, die jemalen auf deutschem Boden gewachsen sind. Wir haben auch einiges daran auszusetzen, denn wer wird das nicht haben, und woran kan man das nicht haben? vielleicht ist es ein wenig zu lang, vielleicht spricht und schreyt Guelfo ein wenig zu viel: – aber, wenn wir uns der Wirkung erinnern, welche die Vorstellung auf alle Zuschauer, die es beurtheilen und fühlen konten, gethan hat, so vergisst man alle Critik, und wird versucht, in Lobsprüche auszubrechen, denen der Leser nicht glaubt, weil er sie nicht mit dem Gefühle lesen kan, womit sie niedergeschrieben wurden. Wem das Stück im Lesen gefällt, der komme nach Hamburg und sehe es; denn auf welchem Theater sonst ist der Brockmann, der den Guelfo und der Schröder, der den Grimaldi machen könte?

Neuer gelehrter Mercurius auf das Jahr 1776. Bd. 4. 11. Juli 1776. S. 220. Zit. nach: HKA 2. S. XXIV. –

7. Karl Lessing an Gotthold Ephraim Lessing, 2. August 1776

Das Trauerspiel, die Zwillinge, welchem der Preis vor dem Julius von Talent zuerkannt worden, hat oft eine sehr kräftige Sprache, noch öfter aber Affectation und Schwulst. Der eine Zwilling scheint mir mehr scheußlich, als schrecklich, und alle Charaktere so ziemlich nach dem Göthianischen, nicht Göthischen, Leisten. Bey allem Guten des Stückes, ist es doch im Ganzen weit unter dem Julius von Tarent, und die Gründe, warum die Hamburgischen Entscheider es diesem vorgezogen haben, sind nicht weit her.

Lessings sämtliche Schriften. Hrsg. von Karl Lachmann und Franz Muncker. Bd. 21. Leipzig 1907. S. 116.

8. Johann Georg Schlosser an Heinrich Christian Boie, 28. März 1778

Klingers Zwillinge sind ein Meisterstück, das ich den stärksten deutschen Compositionen an die Seite setze.

Rieger: Klinger. S. 101.

9. Gottfried August Bürgers Absage, an einer Liebhaberaufführung mitzuwirken, 6. Januar 1780

In den Zwillingen ist keine Rolle für mich. Wie könt Ihr lieben Leute Euch von der übertriebenen Sprache hintergehen lassen, das Stück schön zu finden. Ich weiß wol, es geschieht mehreren gescheidten Leuten. Aber beherzigt das Ding einmal recht! Es ist kein einziger natürlicher Character drinn. Der Guelfo ist eine Bestie, die ich mit Wolgefallen für einen tollen Hund todtschießen sehen könnte. Von Lisboa bis zum kalten Oby, wie Ramler singt, ist außer dem Tollhause kein solcher Character. Es giebt freilich noch boshaftere Buben, allein wenn sie anfangen, so toll und rasend zu werden, als Guelfo, so sorgt gewiß die Polizei, sie an Ketten zu legen. Und der Grimaldi! Außer seinen Abgeschmacktheiten ist er auch eine höchst überflüssige Personnage. Kurz, bleibt mir mit den Zwillingen vom Leibe! Ich leugne damit nicht die starken und schönen Stellen im Einzelnen.

Brief an Heinrich Nikolaus Behm (?). In: Gottfried August Bürger: Briefwechsel. Bd. 3: 1780–1789. Hrsg. von Ulrich Joost und Udo Wargenau. Göttingen 2021. S. 9. –

10. Karl Philipp Moritz zu einem Gastspiel der Schröderschen Gesellschaft in Hannover (Mai 1776)

Nun wurden damals die Zwillinge von Klinger zuerst aufs Theater gebracht, und freilich mit aller möglichen Kunst dargestellt, indem Brockmann den Guelfo, Reinicke den alten Guelfo, die Reinicken die Mutter, die Ackermann die Kamilla, Schröder den Grimaldi, und Lambrecht den Bruder des Guelfo, spielte. –

Dieß schreckliche Stück machte eine außerordentliche Wirkung auf Reisern – es griff gleichsam in alle seine Empfindungen ein. – Guelfo glaubte sich von der Wiege an unterdrückt – das glaubte er von sich auch – ihm fielen dabei alle die Demüthigungen und Kränkungen ein, denen er von seiner frühsten Kindheit an, fast so lange er denken konnte, beständig ausgesetzt worden war. – Er vergaß den Fürstensohn, und alle die Verhältnisse eines Fürstensohnes, und fand nur sich in dem unterdrückten Guelfo wieder. – Die bittre Lache, die Guelfo in der Verzweiflung über sich selbst aufschlug, grif in Reisers innerste Empfindungen ein – er erinnerte sich dabei aller der fürchterlichen Augenblicke, wo er wirklich am Rande der Verzweiflung stand, und eben eine solche Lache über sich aufschlug – indem er sein eignes Wesen mit Verachtung und Abscheu betrachtete, und oft mit schrecklicher Wonne in ein lautschallendes Hohngelächter ausbrach. –

Der Abscheu vor sich selber, den Guelfo empfand, indem er den Spiegel entzwei schlägt, worin er sich nach der Mordthat erblickt – und daß er nun nichts wünscht, als zu schlafen – zu schlafen – das alles schien Reisern so wahr, so aus seiner eignen Seele, die beständig mit dergleichen schwarzen Phantasien schwanger ging, gehoben zu seyn, daß er sich ganz in die Rolle des Guelfo hineindachte, und eine Zeitlang mit allen seinen Gedanken und Empfindungen darin lebte. –

Karl Philipp Moritz: Anton Reiser. Hrsg. von Christoph Wingertszahn (= Sämtliche Werke. Bd. 1. Tl. 1). Tübingen 2006. S. 292 f. –

11. August Klingemann: Über Guelfo's Karakter, 1797

Der Hauptzug in Guelfo's Charakter ist ein tiefer schwarzer Ernst. Eine Wildheit, die bei jeder Gelegenheit ausbricht. – Schwarzes melancholisches Blut. – Starke Umrisse. – Alle Leidenschaften mächtig ausbrechend; Haß wie Liebe, Zorn wie Verzweiflung. Im ersten Auftritte sehen wir ihn, tief in sich gekehrt, nachdenkend da stehen. – Eine volle männliche Figur, braunes von der Sonne verbranntes Gesicht, mit starken Zügen. Grimaldi las ihm Brutus Leben vor. – Er hält inne und redet den finstern Guelfo an. – »Still und trink!« Erwidert dieser, aus seinem Nachdenken erwachend, und geht stark auf und nieder. – Grimaldi fragt, ob er weiter lesen soll. – »Nein, ich hab's nun sehr genug. Laß mich das zusammenrechnen, was ich gehört habe! (Mit Beifall gebender Bewunderung.) Kassius! Grimaldi, Kassius!« – Der beleidigte Kassius ist ihm ein interessantes Gemälde; Brutus, der seinen Freund ermordete, gefällt ihm weniger. Für das Gemälde des Kassius hat er den Spiegel in sich. »Hu, hagerer Kassius! Mir ist's als stieg er vor mir auf! Ich werde diese Nacht unruhig schlafen!«

Journal für Theater und andere schöne Künste 2 (1797) H. 1. S. 50 f.

12. Otto Ludwig, Notiz um 1860, aus den Nachlassschriften

Das Stück ganz wie gemacht, die Gesetze der tragischen Stimmung daran zu lernen. Das Ende steckt schon in der ersten Szene und wird nur herausgewickelt. Eine Steigerung ist eigentlich nicht im Stücke, nur ein allmäliges Näherkommen des Befürchteten, das, wenn es kommt, nicht den Verstand und die Phantasie, nur das Gefühl überrascht, daß nun Thatsache ist, was so lange drohte eine zu werden. Dabei ist alles Gewaltsame in die Scenen verlegt, die Mißhandlung durch den Alten, der Mord selbst. Guelfos Stimmung ist gleich im Anfange so, daß nur wenig Steigerung möglich ist. [...] So wird schon im ersten Akt und immer wieder der Mordentschluß ausgesprochen, so daß man an ihn gewöhnt ist, ehe er wirklich zur That wird; desgleichen die That des alten Guelfo schon als Ahnung vorher. [...] Es ist dasjenige Stück, in dem unter allen, die ich kenne, Shakespeare'sche Charakterzeichnung, Malerei der Leidenschaft, psychologisches Detail und tragische Stimmung mit der concentrirten Form der Neuzeit am ungezwungensten und glücklichsten vereinigt ist.

Max Rieger: Klinger. S. 102 f.

Anmerkungen

5,2 *Guelfo:* Der Name der Hauptfigur verdankt sich einem christlichen Ritter aus Torquato Tassos Versepos *La Gerusalemme liberata* (*Das befreite Jerusalem*, 1574).

5,6 *Schröder:* Das Personenverzeichnis der Erstausgabe führt die Darsteller der Hamburger Uraufführung am 23. Februar 1776 auf. Der Theaterprinzipal Friedrich Ludwig Schröder (1744–1816) veranlasste mit seiner Mutter Sophie Charlotte Ackermann nicht nur die Einwerbung von Originalstücken 1775 (s. Dokumente 1 und 4), sondern brachte das Stück durch die ›Ackermannsche Gesellschaft‹ auch auf die Bühne, spielte selbst in der Rolle des Grimaldi mit und besorgte den Erstdruck im ersten Band seines *Hamburgischen Theaters*. Mit ihm auf der Bühne stand seine Stiefschwester Dorothea Ackermann (1752–1821) als Kamilla. Später bearbeitete er das Stück (HKA 2, S. 209–261) und brachte diese Fassung am 27. September 1780 in Hamburg zur Aufführung. Diesmal spielte er den Guelfo.

5,10 *Landgut an der Tiber:* Der Ort der Handlung nahe Rom wird genannt, die Zeit der Renaissance hingegen ergibt sich nur aus dem Stoff. Cosimo I. de' Medici (1519–1574) soll – dem Geschichtsschreiber Jacques-Auguste de Thou (1553–1617) zufolge – 1562 seinen Sohn Don Garcia getötet haben, nachdem dieser seinen Bruder erschlug.

7,7 f. *verscheuch diesen starren in sich nagenden Blick:* Die auch von anderen *dramatis personae* erhobene Forderung zur Korrektur des eigenen Gesichtsausdrucks scheint den zeitgenössischen Lehren der Physiognomik zufolge zunächst paradox. Denn Physiognomie wie unwillkürliche Körpersprache sind nicht veränderlich und beeinflussbar, sondern natürlich. Wenn aber ein psychosomatischer Zusammenhang zwischen einem Affekt und dessen charakteristischer Mimik/Gestik besteht, wie von den neuen ›philosophischen Ärzten‹ propagiert, könnte durch bewusst angenommene freundliche Züge eine positive Rückwirkung auf den Seelenzustand erfolgen. Lessings Theorie der Schauspielkunst nimmt dieses implizite Argument Klingers vorweg. Lessing behauptet im 3.–5. Stück der *Hamburgischen Dramaturgie*, dass die äußerliche Nachahmung bestimmter Gebärden die Seele erregen kann, die dann wiederum für einen authentischen Ausdruck sorgt (ohne dass der Akteur als Person die Leidenschaft selbst empfinden muss).

7,11 *Brutus Leben:* Guelfo lässt sich von Grimaldi das Leben des Brutus aus Plutarchs *Parallelbiographien* über Dion und Brutus vorlesen. Er interessiert sich lebhaft für den Cäsar-Mörder und den Kreis seiner Verschwörer, weil auch er wie Cassius einen »Groll gegen Tyrannenart« (Plutarch 1941, S. 342) hegt, wenngleich er selbst auch eine Tyrannei anstrebt. Der Stoff solcher ›großen Kerle‹ war in der Zeit beliebt, etwa in Joachim Wilhelm von Brawes Trauerspiel *Brutus* (1768), in dem Brutus dem Mordanschlag seines Sohnes durch Selbstmord zuvorkommt. In Schillers *Räubern* (1781) singt Karl Moor einen Dialog zwischen Cäsar und Brutus zur Laute (IV,5).

7,19 *Charakter:* In Jakob Michael Reinhold Lenz' für den Sturm und Drang programmatischen *Anmerkungen übers Theater* (1774) wird – mit Shakespeare – der Charakter gegenüber der Handlung favorisiert und damit die *Poetik* des Aristoteles kritisiert.

8,3 f. *Reißbley:* Graphitstift, um eine Skizze oder einen Schattenriss zu zeichnen.

8,5 *Dichter und Geschichtschreiber:* Während Aristoteles in der *Poetik* den Dichter philosophischer als den Geschichtsschreiber nennt, weil er über das historisch Einzelne hinaus zum Allgemeinen vordringt, spielt Klinger hier gegen beide den Maler aus, weil dieser besser die »Seele […] trift«, also prägnante Charakterstudien liefert.

8,6 *hagrer Caßius:* Plutarch erwähnt im 8. Abschnitt des *Brutus*, dass Cäsar auf die Warnung vor den möglichen Verschwörern Antonius und Dolabella entgegnete, dass man sich keine Sorgen über diese »wohlbeleibten, schönfrisierten Herren« machen müsse, wohl aber »über die blassen, mageren«, also Brutus und Cassius (Plutarch 1941, S. 341 f.). In Shakespeares *Julius Caesar* kehrt dieser Verdacht wieder, wenn Cäsar sagt (I,2): »Lasst wohlbeleibte Männer um mich sein, / Mit glatten Köpfen und die nachts gut schlafen. / Der Cassius dort hat einen hohlen Blick; / Er denkt zu viel: die Leute sind gefährlich« (Shakespeare 2013, S. 17).

8,9 *Pyrrhus:* Plutarch stellt in seinen *Parallelbiographien* auch das Leben von König Pyrrhos I. von Epirus dar. Der sprichwörtliche Pyrrhussieg, der zu einem zu hohen Preis eigener Verluste errungen wird, gilt auch für Guelfos Brudermord, um sich die Privilegien des Erstgeborenen zu verschaffen.

10,12 *Antichamber:* Am Hofe gilt das Vorzimmer der Macht als Ort, an dem entscheidende Informationen zirkulieren, dienstfertig um Gunst nachgesucht wird und Intrigen gesponnen werden. Von daher rührt das Verb ›antichambrieren‹.

10,28 *küßte Della Forza Gioconda:* Guelfos Mord an Della Forza geschah, weil dieser Ferdinando »bey dem Herzog herausstrich« (10,7 f.) und offenbar auch aus Konkurrenz um eine Frau. Es ist unklar, ob es sich dabei um die von Guelfo geliebte Gräfin Kamilla handelte, die Ferdinando ihm mit Hilfe des Herzogs »wegschnappte« (10,21). Der Name von Lisa Gioconda, der Gattin eines reichen Florentiner Händlers, die Leonardo da Vinci als »Mona Lisa« weltberühmt porträtierte, würde dann als Synonym für größte Schönheit stehen.

11,1 *Galle:* Wie kurz darauf von der »schwarzen Melancholie« Grimaldis die Rede ist, wird die Galle hier im Sinne der antiken Humoralpathologie hervorgehoben: Die Körpersäfte sind beim Choleriker durch gelbe Galle und beim Melancholiker durch schwarze Galle aus der Balance geraten. Der Alkohol, dem in dieser Szene mit mehreren »*Weinflaschen*« auf dem Tisch (Regieanweisung) reichlich zugesprochen wird, verstärkt nach den Lehren der Diätetik dieses Ungleichgewicht.

11,8 *reitet auf dem Adler:* Der Adlerflug ist ein zentrales Sinnbild der Geniezeit. Goethes Tuschzeichnung zu seiner Prometheus-Ode zeigt den Herausforderer der Götter hoch über den Felsen mit einem großen Adler über sich, der ihm täglich ein Stück seiner Leber aus dem Leib frisst. Herder preist in *Pindar und der Dithyrambensänger* (1767) den gewaltigen Zug des Pindarischen Adlers. Auch Fausts titanisches Streben wird von der *Historia* (1587) über Christopher Marlowes *Doctor Faustus* (1604) bis zu Goethes *Faust II* (1832) immer wieder mit dem Adler verbunden.

11,25 *Clavier:* Mitte des 16. Jh.s kommt bestenfalls ein Clavichord in

Frage, Klinger mag sich des Anachronismus nicht bewusst gewesen sein. Grimaldi spielt *»einige sanfte und starke Passagen«* (11,25 f.), was durch die dynamische Spielweise am Klavier durch unterschiedlich starken Anschlag möglich ist, nicht aber auf dem Cembalo oder Clavichord. Das Klavier kommt erst Ende des 17. Jahrhunderts auf, gebaut etwa von Bartolomeo Cristofori am Hofe der Medici in Florenz.

11,31–12,1 *Meine Nerven zittern:* Die metaphorische Analogie zwischen harmonisch gleich schwingenden Saiten (physikalische Resonanz) und Nerven bzw. Seelen (psychophysische Sympathie) ist ein beliebter Topos unter den philosophischen Ärzten der Aufklärung, z. B. bei Johann Gottlob Krüger, Johann August Unzer und vor allem bei Friedrich Schiller in seiner medizinischen Dissertation und in frühen Gedichten.

12,6 *Brutus, du schläfst!*: Wie Cassius mit seinem Weckruf Brutus zum Mord an Cäsar anstachelt, so versucht Grimaldi seinen Vetter Guelfo zur Tat zu reizen.

12,30 *Herz:* In der Empfindsamkeit wie im Sturm und Drang wird das Herz zum literarischen Zentralorgan und Seelenspiegel. In Goethes *Werther* (1774) findet es schon in den ersten drei Briefen dreizehn Mal Erwähnung, Lichtenberg nennt den Roman deshalb spöttisch »ein Herz mit Testikeln«.

12,31 *herausreissen will ichs:* Der seit dem Mittelalter verbreitete drastische Topos vom herausgerissenen Herz – etwa eines geheimen Liebhabers der Ehefrau, das ihr der Gatte dann zur Rache als Speise vorsetzt – wird hier als Akt kardiognostischer Seelenausforschung variiert. »Aufgedeckt will« (13,1) Guelfo es dann lesen.

16,13 *Dieser Blick! …:* Diese Passage beschwörender Ausdrucksdeutung könnte Lavaters gleichzeitig entstehenden *Physiognomischen Fragmenten* (1775–78) entnommen sein. Guelfos Gegenspieler Grimaldi eröffnet damit die Rolle des psychologischen Beobachters, die er im ganzen Stück beibehält.

16,16 f. *mein Genius sagt mirs:* Grimaldis Glauben an einen Genius, der Guelfos künftiges Königtum verkündet oder überhaupt zum Boten für Ideen wird, wendet Blasberg gegen die These von der Inspiration des Genies. Als Beleg für solche Traditionsverhaftung zitiert sie Klopstocks Ode *An Young* (1752) mit dem Vers »Stirb, und werde mein Genius« (Blasberg 1994, S. 46 ff.).

17,6 *Mord auf der Stirne:* In der Geschichte von Kain und Abel (Gen 4,1–16) soll das Kainsmal Rächer von einer Bestrafung abhalten, damit der Mörder ewig »rastlos und ruhelos« herumwandern muss. »Darum soll jeder, der Kain erschlägt, siebenfacher Rache verfallen. Darauf machte der Herr dem Kain ein Zeichen, damit ihn keiner erschlage, der ihn finde.«

17,8 *Esaus Geschichte:* In der Bibelgeschichte von Isaaks Zwillingssöhnen (Gen 25,27–34) verkauft der ältere Esau für ein Linsengericht sein Erstgeburtsrecht an Jakob. Kurz vor Isaaks Tod verstellt Jakob sich als sein älterer Bruder Esau, um zuerst vom Vater gesegnet zu werden (Gen 27,1–40). Isaak lässt sich von dem listigen Betrug täuschen und erklärt Esau: »Deinem Bruder wirst du dienen / Doch hältst du durch, so streifst du ab / sein Joch von deinem Nacken« (Gen 27,40).

17,27 *Apanage:* Abfindung der nicht regierenden Mitglieder einer Adelsfamilie (von [mlt.] *appanare* ›mit Brot versorgen‹).

28,12 *verlorne Sohn:* Guelfos eigene Bezeichnung als verfluchter, verlorener Sohn verweist auf das biblische Gleichnis (Lk 15,11–32), das von zwei Brüdern handelt, von denen einer seinen Anteil verprasst, arm und reuig heimkehrt, vom Vater aber freudig empfangen und bewirtet wird; der andere, fleißige, daheimgebliebene Sohn beklagt sich über diese scheinbare Bevorzugung und fühlt sich zurückgesetzt.

35,27 *wie die Pferde ausgreifen:* Kaum zufällig mischen sich in Guelfos Gewaltvisionen, denen er dann mit einem Schuss aus dem Fenster kurzzeitig Luft verschafft, auch Pferde, die an die vier Reiter aus der biblischen Apokalypse erinnern. Bei Eröffnung des versiegten Buches erscheinen nacheinander ein weißes Pferd mit einem Bogenschützen, auf einem feuerroten zweiten reitet einer, der den Frieden stiehlt, ein schwarzes Pferd trägt einen Mann mit Waage und auf dem vierten, grauen Pferd sitzt der Tod (Offb 6,1–8). Nach Ferdinandos Ausritt und Ermordung kehrt sein Pferd ohne Reiter zurück (IV,3).

36,13 *Heyducken:* Während der türkischen Herrschaft über Südeuropa bezeichnet das in allen Sprachen der Region vorkommende Wort gesetzlose Wegelagerer und Freischärler.

36,21 *Was ich thu, thu ich!:* Guelfos tautologische Programmformel erinnert an Lavaters Bestimmung des sich selbst übersteigernden Genies, »das kann, was es will, und nur das will, was es kann«, während der gewöhnliche Mensch nur »ist, was er ist« (Lavater 1984, S. 305 und 309).

38,5 *meine Gestalt aufsteigen:* Ferdinandos Doppelgängervision an der Eiche ist ebenso als Todesahnung zu verstehen wie der »bis auf die Mitte zersplittert[e]« Lieblingsbaum (69,26), zugleich Symbol des Lebens- und Stammbaums (Košenina 1995, S. 224).

40,6 f. *Hofschranze:* In diesem abwertenden Etikett für kriechende, schmeichelnde Höflinge konzentriert sich die politische Herrschaftskritik des alten Guelfo.

41,10 *Liebe und Nachgeben:* Statt autoritärer Strenge folgt die Familie eher den modernen menschenfreundlichen, verständnisvollen Erziehungsprinzipien aus Rousseaus *Emile* (1762).

41,28 f. *Musik machen:* Die Zähmung wilder oder melancholischer Leidenschaften durch Musik hat – seit der Heilung von König Saul durch David in der Bibel – eine lange medizinische Tradition in der Humoralpathologie und Diätetik.

42,1 *düstrer Mensch, der Nachts im Feld läuft:* Damit wird das Trübsinnspotential der englischen Tradition – Graveyard Poetry und Gothic Literature, John Miltons *Il Penseroso* (1645), Edward Youngs Langgedicht *Night-Thoughts on Life, Death, & Immortality* (1742–45), die Kunst von William Blake – intoniert, das auch Goethe in *Dichtung und Wahrheit* für seinen Suizid-Roman *Werther* entwickelt.

43,15 *o dieser Zug:* Die allmähliche sprachliche Zusammenfügung der Gesichtszüge aus Lippen, Mund, Augen usw. erinnert an die Szene mit dem Maler Conti in Lessings *Emilia Galotti* (1,4).

45,6 *vermählte sich mit dem Tode:* Der vornehm formulierte Suizid von Grimaldis Geliebter Juliette (der Schwester von Guelfo) hatte hofpolitische Ursachen: Sie sollte aus dynastischen Rücksichten an einen reichen Grafen verheiratet werden.

49,10 *Kommen Sie ans Fenster!:* Die Szene wirkt wie eine Kontrafaktur der gemeinsamen Losung »Klopstock« am offenen Fenster im *Werther*: Während in Goethes Roman beim Blick auf ein Gewitter die gemeinsame Erinnerung an ein Gedicht als Liebeserklärung ausreicht, werden hier zwar Abendrot und letzte Sonnenstrahlen als klischeehafte Idylle beschworen, doch dann weist Kamilla den übergriffigen Guelfo zurück, dessen Liebe sie nicht erwidert.

54,15 *Hymen!:* Der griechische Hochzeitsgott Hymenaios wird als Knabe mit einer Hochzeitsfackel dargestellt. Den traditionell gerufenen Gruß »Hymen o Hymenai, Hymen« gibt Klinger fast wörtlich wieder.

54,27 f. *mich vergiften:* Der Gedanke an Suizid spielt für den verzweifelten Guelfo mindestens eine Rolle.

56,30 f. *ein guter Freund:* Das versöhnliche Bild des Todes, das gegen die christlichen Schreckensvorstellungen von einem Knochenmann gewendet wird, verdankt sich der Antike und wird durch Lessings ›Streitschrift‹ *Wie die Alten den Tod gebildet* (1769) wiederbelebt.

58,10–12 *püppisches Männchen ... Mädchenseele:* Guelfo, der physisch Stärkere der Brüder, schreibt in seiner Wut dem sensibleren Ferdinando weibliche Züge zu, schmäht ihn als Mädchen, das mit Puppen spielt.

65,13 *den Fluch über Eva:* Nachdem Eva Früchte des verbotenen Baumes verzehrt hat, spricht Gott zu ihr: »Viel Mühsal bereite ich dir, sooft du schwanger wirst. / Unter Schmerzen gebierst du Kinder. / Du hast Verlangen nach deinem Mann; / er aber wird über dich herrschen.« (Gen 3, 16)

69,23 *stürmen:* Das tragische, auf der Bühne nicht sichtbare nächtliche Geschehen des Brudermords wird durch eine rückblickende Mauerschau (Teichoskopie) auf das stürmische Wetter angedeutet. Guelfo hatte sich in seinem Werben um Kamilla selbst schon zum Wettergott erhoben: »ich möchte diese Feuerwolken zusammenpacken, Sturm und Wetter erregen« (49,17 f.). Solche Züge literarischer Meteorologie sind im Sturm und Drang beliebt, etwa in Goethes Hymne *Wandrers Sturmlied* (entst. 1772) oder seiner Ballade *Erlkönig* (1782), vgl. Baumeister (2019).

69,23 f. *Orangerie ist zerschlagen:* Das die Katastrophe ankündigende Bild vom Sturm, der auch Ferdinands Lieblingsbaum zersplittert hat, scheint sich am Konkurrenztext zu Klingers *Zwillingen*, an Leisewitz' *Julius von Tarent* (1774), zu orientieren. Dort hat Fürst Constantin, Vater der feindlichen Brüder Julius und Guido, eine ähnliche Vorausahnung: »Mein Haus ist gefallen, die jungen Orangenbäume mit Blüte und Frucht sind umgehauen, es wäre ein schändlicher Anblick, wenn ich alter verdorrter Stamm allein da stände« (Leisewitz, S. 68).

70,13 *fürchterliche Zeichen:* Zum Sturm treten weitere unheilvolle Vorzeichen: »Todtenglocken«, »Leichen«, »schwarz verhüllte Männer«.

70,30 *Jäger Nimrod:* Nimrod als Held und König kommt im Koran wie in der hebräischen und christlichen Bibel vor. In Gen 10,8–10 wird er als »Erster, der Macht gewann auf Erden« und als »gewaltiger Jäger vor dem Herrn« eingeführt.

74,10 *Bin ich Hüter:* Gen 4,9: »Da sprach der Herr zu Kain: Wo ist dein Bruder Abel? Er entgegnete: Ich weiß es nicht. Bin ich der Hüter meines Bruders?«

75,24 *Würgblick:* Diese zwölfte Verbindung mit dem Wortstamm ›würg‹ im Text liest Luserke als Parodie auf Lavaters »Blitzblick« des Genies (Lavater 1984, S. 300; Luserke 1997, S. 197).

77,22 *So sah er aus – so, so!:* In dieser Szene geht Grimaldis Anklage »Brudermord!« (76,6) mit einem Handgemenge einher (Guelfo »*faßt ihn an*«, »*stößt nach ihm*«), das zu einer visionären Überblendung Ferdinandos und Grimaldis führt (»Ist sein Geist in Dich gefahren«). Ein Handgriff (»Zuhältst mich immer fester«) löst einen traumatischen Flashback aus, der Tataugenblick im Wald, bei dem Ferdinando offenbar ebenfalls Widerstand leistete, kehrt wieder: »So sah er aus – so, so! Wie er an die Eiche sunk – rief: Bruder!«

82,20 *weiß von keinem:* Guelfo leugnet hier nicht wissentlich, seine ahnungslosen Nachfragen »Wen erschlagen? Wer liegt erschlagen?« deuten vielmehr auf eine traumatische Amnesie. Heinrich von Kleists *Penthesilea* (1808) wird später ähnlich konfus und erinnerungslos über die Bühne irren, blutverschmiert und mit den Zeichen des Wahnsinns, nachdem sie kurz zuvor zusammen mit ihren Hunden Achill bei lebendigem Leibe zerfleischt hat. Der Anblick der Leiche bringt in beiden Fällen die Erinnerung wieder in Gang.

84,14 *Verhüllt sich:* Nach den letzten Worten »Ich hab' ausgeredt« kommt der körpersprachliche Akt der Selbstverhüllung einer Aufhebung der eigenen Identität gleich – ähnlich der Zerschlagung des Spiegelbildes in IV,4 als Tilgung des Kainsmals und Selbstauslöschung des Brudermörders.

Literatur

Ausgaben

Klinger, Friedrich Maximilian: Die Zwillinge. Paralleldruck der Ausgaben von 1776 und 1794. Hrsg. von Edward P. Harris, Ekhard Haack und Karl-Heinz Hartmann. Tübingen 1997. (Werke. Historisch-kritische Gesamtausgabe. Bd. 2.) [Sigle: HKA 2]

– Die Zwillinge. Ein Trauerspiel in fünf Aufzügen. Von 1774. In: F. M. Klinger's Theater. Erster Theil. Riga: Johann Friedrich Hartknoch 1786. S. 127–232.

– Die Zwillinge. Ein Trauerspiel. (Nach der ersten Ausgabe von 1774 von neuem durchgesehen; mit einigen Stellen, aus der zweiten Ausgabe, in der Auswahl des Theaters, abgedruckt.) In: F. M. Klingers Werke. Erster Band: Theaters. Erster Theil. Königsberg: Friedrich Nicolovius 1815. S. 1–90.

Forschungsliteratur

Baum, Constanze: Die Zwillinge. In: Handbuch Sturm und Drang. Hrsg. von Matthias Luserke-Jaqui. Berlin/Boston 2017. S. 404–416.

Baumeister, Anna-Lisa: »Sie scheint auch mehr zu donnern und zu blitzen, als zu reden«. Zur Meteorologisierung der Sprache im Drama der 1770er Jahre. In: The Germanic review 94 (2019). S. 209–227.

Blasberg, Cornelia: Ein »kopirendes Original«. Friedrich Maximilian Klingers Trauerspiel *Die Zwillinge* zwischen Geniekult und Traditionsbindung. In: Jahrbuch der Deutschen Schillergesellschaft 38 (1994). S. 39–64.

Fechner, Jörg-Ulrich: Leidenschafts- und Charakterdarstellung im Drama (Gerstenberg, Leisewitz, Klinger, Wagner). In: Sturm und Drang. Hrsg. von Walter Hinck. Frankfurt 1978 ([2]1989). S. 175–191.

Gamper, Michael: Der große Mann. Geschichte eines politischen Phantasmas. Göttingen 2016.

Goethe, Johann Wolfgang: Sämtliche Werke. Bd. 1.1. München 1985. (Münchner Ausgabe.) [Sigle: SW 1.1]

Guthke, Karl S.: Friedrich Maximilian Klinger's *Zwillinge.* Höhepunkt und Krise des Sturm und Drang. In: German Quarterly 43 (1970). S. 703–714.

Harris, Edward P.: Vier Stücke in einem. Die Entstehungsgeschichte von F. M. Klingers *Die Zwillinge.* In: Zeitschrift für deutsche Philologie 101 (1982). S. 481–495.

Huyssen, Andreas: Drama des Sturm und Drang. Kommentar zu einer Epoche. München 1980.

Kallin, Britta: Zähmen oder Aufregen? Zur Funktion der Frauenfiguren in F. M. Klingers *Die Zwillinge.* In: Lessing Yearbook 35 (2003). S. 223–243.

Košenina, Alexander: Anthropologie und Schauspielkunst. Studien zur ›eloquentia corporis‹ im 18. Jahrhundert. Tübingen 1995. S. 220–232.

– (Hrsg.): Kriminalfallgeschichten. Text + Kritik. Sonderband. München 2014.

Lavater, Johann Caspar: Physiognomische Fragmente zur Beförderung der Menschenkenntnis und Menschenliebe. Eine Auswahl. Hrsg. von Christoph Siegrist. Stuttgart 1984. (Reclams Universal-Bibliothek. 350.)

Leisewitz, Johann Anton: Julius von Tarent. Ein Trauerspiel. Stuttgart 1968. (Reclams Universal-Bibliothek. 111.)

Luserke, Matthias: Sturm und Drang. Autoren – Texte – Themen. Stuttgart 1997. S. 189–199. (Reclams Universal-Bibliothek. 17602)

Mann, Michael: Die feindlichen Brüder. In: Germanisch-romanische Monatsschrift 17 (1968). S. 238–247.

Martini, Fritz: Die feindlichen Brüder. Zum Problem des gesellschaftskritischen Dramas von Johann Anton Leisewitz, Friedrich Maximilian Klinger und Friedrich Schiller. In: Jahrbuch der Deutschen Schillergesellschaft 16 (1972). S. 209–265.

Mattenklott, Gert: Melancholie in der Dramatik des Sturm und Drang. Erweiterte und durchges. Aufl. Königstein i. Ts. 1985. S. 59–86.

May, Kurt: Die Struktur des Dramas im Sturm und Drang, an Klingers *Zwillingen.* In: K. M.: Form und Bedeutung. Interpretationen deutscher Dichtung des 18. und 19. Jahrhunderts. Stuttgart 1972. S. 42–49.

Merwald, Eva: Die Wiederaufnahme des biblischen Kain-Abel-Mythos in der Tragödie *Die Zwillinge* von F. M. Klinger. Frankfurt a. d. O. 1998.

Plutarch: Helden und Schicksale. Hrsg. von Wilhelm Ax. Stuttgart [1941].

Poeplau, Anna: Selbstbehauptung und Tugendheroismus. Das dramatische Werk Friedrich Maximilian Klingers zwischen Sturm und Drang und Spätaufklärung. Würzburg 2012. S. 73–91.

Rieger, Max: Klinger in der Sturm- und Drangperiode. Mit vielen Briefen. Darmstadt 1880.

Salumets, Thomas: Mündige Dichter und verkrüppelte Helden. F. M. Klingers Trauerspiel *Die Zwillinge*. In: The German Quarterly 59 (1986). S. 401–413.

Shakespeare, William: Julius Cäsar. Übersetzt von August Wilhelm Schlegel. Stuttgart 2013. (Reclams Universal-Bibliothek. 9.)

Sørensen, Bengt Algot: Herrschaft und Zärtlichkeit. Der Patriarchalismus und das Drama im 18. Jahrhundert. München 1984. S. 121–130.

Wenzel, Stefanie: Das Motiv der feindlichen Brüder im Drama des Sturm und Drang. Frankfurt a. M. 1993. S. 86–122.

Willems, Marianne: Friedrich Maximilian Klingers *Die Zwillinge* und Friedrich Schillers *Die Räuber*. Zur Pathogenese der ›Kraftkerle‹ im Sturm und Drang. In: Sturm und Drang: Epochen – Autoren – Werke. Hrsg. von Matthias Buschmeier und Kai Kaufmann. Darmstadt 2013. S. 158–179.

Nachwort

Der Schriftsteller Otto Ludwig sah in Klingers Trauerspiel *Die Zwillinge* (1776) den Musterfall eines analytischen Dramas. Fast mit Schillers Worten über die reine »tragische Analysis« – im Brief an Goethe vom 2. Oktober 1797 – hält Ludwig um 1860 fest: »Das Ende steckt schon in der ersten Szene und wird nur herausgewickelt« (Dokument 12). Schillers Modell für eine solche unabänderlich voranstrebende Handlung war Sophokles' *König Ödipus* – eine der ältesten Kriminalgeschichten des Abendlandes. Ludwig, der schon 1847 E. T. A. Hoffmanns *Fräulein von Scuderi* für die Bühne adaptierte, dachte bei seiner Notiz an einen anderen Meister analytischer Spannung: an Shakespeare, dem er selbst umfangreiche *Studien* widmete, die 1871 aus dem Nachlass erschienen. Für Ludwig zeichnen sich Guelfos Mordentschluss und die auf die ausgeführte Tat folgende blutige Rache des Vaters von Anfang an ab, insgesamt verbinde das Stück – so heißt es weiter – besonders prägnant »Shakespeare'sche Charakterzeichnung, Malerei der Leidenschaft, psychologisches Detail und tragische Stimmung mit der concentrirten Form der Neuzeit.« (Dokument 12)

Diese doppelte These vom analytischen Kriminaldrama, kombiniert mit psychologischen Affektdarstellungen im Geiste Shakespeares, passt bestens ins Koordinatensystem des ›Sturm und Drang‹, dessen Epochenbezeichnung sich einem weiteren Schauspiel Klingers aus dem Jahre 1776 verdankt. Nicht nur der junge Goethe feiert in der Rede *Zum Schäkespears Tag* (1771) dessen Kraftfiguren, dem Prometheus gleich, nur in »kolossalischer Größe«, und ruft: »Natur! Natur! nichts so Natur als Schäkespears Menschen«

(Goethe SW 1.1, S. 413). »Im Selbstverständnis der Sturm-und-Drang-Autoren war Shakespeare das größte Genie der Literatur, das keine Regeln gelten ließ.« (Luserke 1997, S. 75) Er bringt große Verbrecher und Wahnsinnige auf die Bühne, wie sie dann wieder im Sturm und Drang gegen Gesetze, moralische Vorstellungen, aber auch literarische Konventionen rebellieren werden. Heinrich Wilhelm von Gerstenbergs *Ugolino* (1768) mit seinen im Hungerturm zur Menschenfresserei getriebenen Söhnen, Heinrich Leopold Wagners in ausweglose Verzweiflung geratende *Kindermörderin* (1776), Karl Philipp Moritz' (versuchter) Raubmord in *Blunt oder der Gast* (1780) oder Schillers Franz Moor in *Die Räuber* (1781), mit dem Zeug zum Vater-, Bruder- und Selbstmord, sind dafür nur wenige Beispiele.

Klingers *Trauerspiel in fünf Akten* fügt sich nahtlos in diese Reihe von Verbrechenspathographien. Für solche Sujets höchst sensible Zeitgenossen wie Karl Philipp Moritz, der wenig später mit seinem *Magazin zur Erfahrungsseelenkunde* (1783–93) vergleichbare Fälle systematisch sammeln und auswerten wird, hält in seinem autobiographischen ›psychologischen Roman‹ *Anton Reiser* (1785–90) Eindrücke von einer Aufführung der *Zwillinge* 1776 in Hannover fest: »Der Abscheu vor sich selber, den Guelfo empfand, [...] schien Reisern so wahr, so aus seiner eignen Seele, die beständig mit dergleichen schwarzen Phantasien schwanger ging, gehoben zu seyn, daß er sich ganz in die Rolle des Guelfo hineindachte, und eine Zeitlang mit allen seinen Gedanken und Empfindungen darin lebte.« (Dokument 10) Ähnlich erschüttert zeigt sich ein Kritiker in der *Erfurtischen gelehrten Zeitung* von 1776, der Klinger mit seinem »Schwall unnatürlicher und sonderbarer Ideen« einen »teutsche[n] Lee« nennt. Mit Anspielung auf den verrückten englischen Dramatiker Nathaniel Lee (1653–1692), der fünf Jahre im berühmten Irrenhaus Bedlam Hospital zubrachte, begründet der Rezensent seine Bemerkung mit Ironie, denn es sei »freylich not an easy Thing, to write like a Madman« (HKA 2, S. XXIII).

Das Stück entstand offenbar in rasantem Tempo, Klinger berichtet, er habe »in Einem Tage die drey ersten Acte, Nachts im Traum den 4ten u Morgens die beyden lezten geschrieben« (HKA 2, S. XI). Sogleich sandte er das Stück an das Hamburgische Theater, das unter der Direktion von Friedrich Ludwig Schröder – dem Entdecker Shakespeares für die deutsche Bühne – im *Theatralischen Wochenblatt* vom 3. März 1775 um Einsendungen von Originalstücken gebeten hatte. Es war kein Preisausschreiben, wie häufig behauptet, sondern eine allgemeine Ausschreibung (vgl. Dokument 1), auf die auch Johann Anton Leisewitz sein Trauerspiel *Julius von Tarent* (1774) einschickte. Dieses konkurrierende Stück wurde aber nicht angenommen, wie Johann Heinrich Voß am 14. November 1775 berichtet, »weil Klingers Zwillinge, die schon vorher angekommen waren, eben den Inhalt haben« (Dokument 3). Bereits zehn Tage später kündigt Klinger seine Aussicht auf die baldige Aufführung und das ausgesetzte Honorar an, verbunden mit der nicht geringen Pointe, dass man das Stück in Hamburg offenbar Goethe – dem übersendenden und wohl auch redigierenden Vermittler – zuschrieb (Dokument 4).

Die oben exemplarisch angeführten Verbrechenspathographien und erst recht Schillers – 1788 und 1794 auch für die Bühne adaptierte – Erzählung *Verbrecher aus verlorener Ehre* (1786/92) gelten als Höhepunkt des neu aufkommenden Genres der ›Kriminalfallgeschichten‹ (Košenina 2014). Wie in diesen geschehen, bearbeitet auch Klinger einen historisch verbürgten Rechtsfall. Damit stellt er sich in die Tradition der Pitavalgeschichten, benannt nach den zwanzigbändigen Rechtsfallsammlungen *Causes célèbres et intéressantes* (1734–43) des französischen Juristen François Gayot de Pitaval. Klinger verdankt der *Historia mei temporis* (1604–1620) von Jacques-Auguste de Thou den Fall von Cosimo I. de' Medici (1519–1574), der 1562 seinen Sohn Don Garcia als Vergeltung für dessen Mord an seinem Bruder tötete. Leisewitz nutzte die gleiche Quelle schon früher für *Julius von Tarent*, Klinger mag davon profitiert haben. Weil Varianten feindlicher Brüder aber im Sturm und Drang – bis hin zu Schillers *Räubern* – sehr verbreitet waren (Mann 1968; Martini 1972; Wenzel 1993), Klinger sie selbst auch schon in seinem Debütdrama *Otto* (1775) erprobte und in den *Zwillingen* mit anderen Quellen wie Shakespeares *Julius Caesar* verband, scheint Constanze Baum »der mitunter erhobene Plagiatsverdacht wenig plausibel« (Baum 2017, S. 406). Cornelia Blasberg gebraucht für diesen Sachverhalt lieber den »Begriff der aemulatio, des Wetteiferns mit einem stilistischen oder dichterischen Vorbild« (Blasberg 1994, S. 52). Sie verweist aber zugleich auf Differenzen, dass z. B. der Mord am Bruder auf der Jagd erfolgt, sich durch das herrenlos zurückkehrende Pferd ankündigt und von Guelfo beharrlich geleugnet wird, findet sich nicht bei Leisewitz, wohl aber in den *Historien* de Thous.

Die Lektüre des Stücks als kriminalpsychologische Fallstudie verschiebt gegenüber der älteren Forschung den Akzent in Richtung des Ausnahmecharakters Guelfo im Zeichen der Medizin- und Rechtsgeschichte. Lange Zeit domi-

Porträt von Friedrich Maximilian Klinger. Zeichnung von Johann Wolfgang Goethe, 1775.

nierten zwei andere, einander ergänzende Perspektiven: zum einen die marxistisch orientierte »Kampfansage wider die Feudalordnung«, zum anderen die »Glorifizierung des geniehaften Kraftmenschen« (Baum 2017, S. 408) mit Verweis auf die enge Verknüpfung von »Geniekonzeption und Herrschaftssemantik« im Sturm und Drang (Willems 2013, S. 163). Beide Blickwinkel haben miteinander zu tun: »die Anklage der bestehenden gesellschaftlichen Situation und ihrer Konventionen erfordern als Ankläger den starken Einzelnen, der in diese Schemata nicht mehr hineinpaßt oder sich nicht mehr in sie einpassen will« (Guthke 1970, S. 704 f.). Andreas Huyssen fasst das in seinem ausführlichen Forschungsbericht unter »jener flachen Konzeption vom gesellschaftskritischen Drama« zusammen, die den Sturm und Drang insgesamt »als klassenkämpferische Bewegung« sieht (Huyssen 1980, S. 197).

Solche in den 1970er Jahren beliebten gesellschaftskritischen und sozialpolitischen Lesarten sind allerdings die Frage schuldig geblieben, wo im Text ein besseres, demokratisches, antipatriarchales Regierungsprogramm Guelfos sichtbar wird, sollte er sich gegen seinen Bruder Ferdinando durchsetzen und die Macht übernehmen. Ist von einem Mann, der so wild gegen die eigene Familie wütet – »ich will alles zerreissen! Vater! Vater! Mutter! ich will euch ausstreichen!« (16,2 f.) – und so fanatisch um den nur durch die Erstgeburt verbürgten Herrschaftsanspruch kämpft, in Zukunft eine Politik der Ruhe und Besonnenheit zu erwarten? Und als Anführer des politisch entmündigten Bürgertums im Kampf gegen die Feudalherrschaft taugt dieser verhinderte Thronfolger ebenfalls kaum. Viel offensichtlicher ist, dass »kriegerischer Eroberungsdrang und willkürliche Grausamkeit Guelfo deutlich als kongenialen Sproß der Adelsgesellschaft im 18. Jahrhundert ausweisen« (Blasberg 1994, S. 43); Thomas Salumets spricht sogar von einer »Bejahung des feudal-absolutistischen Herrschaftssystems« (Salumets 1986, S. 410). Guelfo schreckt dabei vor willkürlicher Gewalttätigkeit nie zurück, in Venedig »knallt'« er einen Mann namens Della Forza nieder, weil der Ferdinando »bey dem Herzog herausstrich« (10,7 f.); seinen Pächter hat er derart »gepeitscht, daß er auf den Tod liegt« (27,12 f.), nur weil dieser zur Nahrungsversorgung adeliges Jagdprivileg verletzte; und dem Stallknecht geschieht ebendies sogar ohne jeden Grund.

Was andererseits die Verherrlichung des ›großen Mannes‹ angeht, die Karl S. Guthke zufolge so weit reichen mag, »den italienischen Renaissance-Fürstensohn als sozusagen protofaschistischen Führertypus und deutschen Helden auf den Schild zu heben« (Guthke 1970, S. 705), so ist Guelfo von der Version »Tugendheld« (Gamper 2016, S. 52) wohl ebenso weit entfernt wie vom schöpferischen, tätigen Genie. Kraftmetaphern dieses literarischen Modekonzepts wie »Adler« (31,24 u. ö.), »Eiche« (18,24 u. ö.), »Feuer« (9,16 u. ö.), »Löwe« (22,26 u. ö.) oder »Sturm« (11,14 u. ö.) in wechselnden Wortverbindungen werden Guelfo zwar in hoher Zahl zugeschrieben, folgt man aber der pseudo-aristotelischen Traditionslinie der *Problemata physica* (XXX,1), wonach genialische Größe in Politik und Kunst fast immer mit grüblerischer Melancholie aufgrund entsprechender Disposition der Körpersäfte nach der Temperamentenlehre verkoppelt ist, so wird man das Genie mit Mattenklott eher in Guelfos Spiegelfigur Grimaldi suchen. Für ihn sind nicht »Ferdinando und Guelfo, sondern dieser und Grimaldi die eigentlichen Zwillinge« des Stücks (Mattenklott 1985, S. 64); hinzukommt der alte Guelfo als Namenszwilling seines Sohnes. Grimaldi steigt bei Gert Mattenklott als allegorische Darstellung der Melancholie gar zur heimlichen Hauptfigur auf, die das ebenfalls versinnbildlichte Prinzip der Tatkraft in Gestalt Guelfos flankiert. Von dieser Frage nach zwei Spielarten genialer Charaktere ist der Aspekt eines genialen Literaturwerks, wie es die Hamburger Ausschreibung für ein völlig neuartiges, von der Tradition möglichst unabhängiges »Originalstück« fordert (Dokument 1), wiederum zu unterscheiden.

Die einfache Handlung des Dramas steht hinter den Charakteren allenthalben zurück: Der Fürstensohn Guelfo neidet seinem Bruder Ferdinando das vom Vater verfügte Erbrecht. Darüber hinaus beansprucht er dessen Braut Kamilla einen Tag vor der Hochzeit und zwingt ihr »schwarze Sündenküsse« auf (49,17). Selbst der Arzt Galbo, der bei der Geburt der Zwillinge zugegen war, ist sich bezüglich der Geburtsreihenfolge nicht sicher, auf hartnäckige Nachfragen räumt er ein: »man wußte nicht, welches der Erstgeborne war« (15,24 f.). Auch die Mutter, die ohnmächtig war, muss gestehen: »Ich weiß nicht – dein Vater sagts.« (65,5) Guelfo zweifelt schließlich sogar an seiner legitimen Herkunft – »Ha! bin ich aus dem Hause der Guelfen?« (22,28 f.) – und beginnt die rhetorischen Verleugnungen des Vaters wörtlich zu nehmen: »Ich bin Guelfos Sohn nicht! Ich habs gehört, wie Guelfos Fluch den Bastard Guelfo traf. *(kniet)* Hier knie' ich und schwör Dir ab – schwör Dir ab, ich bin Dein Sohn nicht, grauer Guelfo! bin Dein Sohn nicht, sanftes Weib!« (26,9–14) Sein Freund Grimaldi schürt alle Zwietracht, denn er selbst wurde vom alten Guelfo um seine Liebe für dessen Tochter Juliette gebracht, die sich daraufhin das Leben nahm. Seither ist er schwermütig und auch selbst suizidgefährdet, gern bestärkt er Guelfo in seinem Kampf gegen Bruder, Vater und Mutter. Den bei einem gemeinsamen Ausritt verübten Mord am Bruder gesteht Guelfo sich selbst erst vor einem Spiegel ein, dann bekennt er ihn Grimaldi, vor Ferdinandos Leiche lässt sich schließlich seine beharrliche Leugnung nicht mehr aufrechterhalten. Guelfo bekennt: »Mit starker Faust erschlug ich ihn an der Eiche« (83,17 f.), worauf der alte Guelfo ihn mit folgenden Worten niederstößt: »Rächen will ich Vater Guelfos Sohn!« (85,6)

Nur auf den ersten Blick sieht das nach einer politischen Rebellion aus. Bengt Algot Sørensen weist zu Recht darauf hin, dass »sich Guelfo keineswegs gegen das gesellschaftlich instituierte Erstgeburtsrecht an sich auflehnt, sondern es vielmehr für sich in Anspruch nimmt.« (Sørensen 1984, S. 129) Überhaupt kommen erbrechtliche und machtstrategische Fragen eigentlich nur an der Textoberfläche auf, im Kern geht es viel eher um der »Eltern Herz« (16,31 f.), »des Vaters Gunst« (18,5), »Liebe der Mutter« (21,6), Zurückstoßung »in Finsterniß« (33,9), kurz: um die »Zwangsvorstellung« vorenthaltener Anerkennung und Liebe. Guelfos »seelische Zerrissenheit« – so Sørensen weiter – »trägt von Anfang an pathologische Züge, die sich allmählich zu Zuständen von Wahnsinn und geistiger Zerrüttung steigern« (Sørensen 1984, S. 127 f.) Den Zeitgenossen war dieses pathogene Potential überaus bewusst. Gottfried August Bürger will sich beispielsweise nicht an einer von Lichtenberg geplanten Liebhaberaufführung beteiligen, weil ihn diese extremen, befremdend wirkenden Züge beunruhigen: »Von Lisboa bis zum kalten Oby, wie Ramler singt, ist außer dem Tollhause kein solcher Character.« (Dokument 9) Moritz zeigt sich von den »schwarzen Phantasien« des Guelfo so tief erschüttert, dass er »eine Zeitlang mit allen seinen Gedanken und Empfindungen darin lebte« (Dokument 10). Und auch der Braunschweiger Theaterdirektor August Klingemann hebt in seiner Rollenanalyse den »tiefe[n] schwarze[n] Ernst« hervor: »Eine Wildheit, die bei jeder Gelegenheit ausbricht. – Schwarzes melancholisches Blut.« (Dokument 11)

Gegen den – durchaus verständlichen – ersten Eindruck überlauter, greller, plakativer, letztlich unnatürlicher Charaktere vertritt Rieger schon 1880 die These erstaunlicher Differenziertheit und psychologischer Herleitung der jeweiligen Handlungsmotivation: »Wir lernen die Umstände kennen, unter welchen sich ein solcher Charakter gerade so entwickeln konnte; weil die Elemente, aus denen er gemischt ist, doch nur allgemein menschlicher Art sind, verstehn wir ihn und können Teil an ihm nehmen.« (Rieger 1880, S. 98). Eine schrittweise, homogene psychologische Entwicklung wie im bürgerlichen Trauerspiel, immer am Prinzip von Ursache und Wirkung orientiert, ist allerdings nicht zu erwarten. Der zunehmenden Impulsivität, Sprunghaftigkeit und Zerrissenheit der Figuren entspricht die »dynamische Fetzentechnik der neuen Bühnenform« (Fechner 1989, S. 185), selbst wenn bei Klinger die drei Einheiten in fünf Akten im Unterschied zu anderen Sturm-und-Drang-Dramen gewahrt bleiben. Dargestellt wird bei ihm aber »der handlungsarme, der ›verkrüppelte Held‹«; einer »dynamischen Bewegung, einem effektvollen Fortschreiten der Handlung bis zum Gipfel in der eigentlichen Tat wird durch die frühzeitig offensichtlich werdende Absicht schon im Ansatz die dramatische Spitze genommen« (Salumets 1986, S. 403; 406 f.).

Die psychologische Fallgeschichte entfaltet sich tatsächlich weniger in dynamisch voranschreitenden Dialogen als vielmehr in selbstoffenbarenden Seelenbekenntnissen, vor allem Grimaldis und Guelfos. In ihnen zeigen sich die beiden pathologischen Pole des Stücks: »Völlige Aufgabe der eigenen Ansprüche, Resignation und Todessehnsucht auf der einen Seite und gewaltsame, auch vor Mord nicht zurückschreckende Durchsetzung der eigenen Interessen auf der anderen Seite« (Poeplau 2012, S. 84). Die beiden Frauen des Trauerspiels (Schwester Juliette, Grimaldis Geliebte, lebt nicht mehr), die inzwischen gesonderte Aufmerksamkeit gefunden haben (Kallin 2003), sprechen die psychomedizinische Diagnose deutlich aus: Amalia nimmt Guelfo gegenüber dem Vater, der sich von dem »Würgteufel« mit dem »Drachenblick« distanziert, mit der wiederholten Begründung »Er ist krank« in Schutz (1,4); und Kamilla, die über das klassische Mittel gegen Melancholie verfügt – sie hat »eine lieblich Stimme, und singt, in die Laute« (41,27 f.) –, entlastet ebenfalls den sie bedrängenden Guelfo: »Sie sind wirklich krank. Lassen Sie mich!« (47,30)

Für die Zuschauer des höchst effektvollen Theaterstücks ergibt sich der gleiche Befund zusätzlich aus dem – von der Forschung lange übersehenen – systematischen Einsatz der Körpersprache (Košenina 1995, S. 220–232). Auch dadurch unterscheidet es sich von Leisewitz' Konkurrenzstück *Julius von Tarent*, das kaum jemand – wie Lessings Bruder Karl (Dokument 7) – über die *Zwillinge* stellt. Von Anfang an heben alle Mitspieler Guelfos fürchterlichen Gesichtsausdruck hervor, der Vater kommentiert besorgt dessen »Drachenblick« (24,23) und »Feuerblick« (82,21 f.); auch die Mutter fürchtet ihn, denn das »Auge rollt fürchterlich« (63,11), sie vermisst einen einzigen »Liebesblick« (20,24 f.) ihres Sohnes; Grimaldi bittet ihn, seinen »starren in sich nagenden Blick« (7,7 f.), diesen »Würgblick« (75,24), zu verscheuchen; und selbst Kamilla fleht: »Ich bitte Sie, sehn Sie anders« (46,10 f.). Guelfo kündigt schon in I,2 an, den Bruder zu »würgen, wie Kain, und verflucht, den Mord auf der Stirne, herum[zu]irren« (17,5 f.). Wie die anderen *dramatis personae* Guelfos Mimik ständig deuten und zu korrigieren versuchen, spricht schon in der Genesis der Herr zu Kain: »Warum ergrimmest du? Und warum verstellen sich deine Gebärden?« (Gen 4,6) Diese Frage muss sich Guelfo nach dem Brudermord selbst stellen, als er sich in einem Spiegel betrachtet, wie Kain kann er seine unwillkürlichen Gebärden nicht kontrollieren und verbergen. Auf der Suche nach dem Rächer seines Bruders erlebt er eine aufschlussreiche Selbstbegegnung, in der er zugleich als anklagender Richter, geständiger Angeklagter und stigmatisierender Henker erscheint, dem das Kainsmal eingebrannt wird: »Rächer! Rächer mit flammendem Schwerdt! Hast du eingegraben auf meine Stirne den Mord? […] Rächer! hi! hi! ich thats wohl! Kömmt er noch nicht, mit glühender Hand den Mord einzugraben? – Ha! ich kann mich nicht ansehen! Reiß dich aus dir, Guelfo!« (74,2–10) »Wie hier das Mörder-Ich über das Rächer-Ich voller Hohn triumphieren zu können glaubt, so fürchtet es zugleich, physiognomisch gezeichnet zu werden.« (Košenina 1995, S. 230) Baum verweist darüber hinaus auf die mögliche psychoanalytische Lesart, »dass Guelfo sich hier nicht nur seinem Spiegel-Ich als Doppelgänger gegenübersieht und darin in einem Akt der Selbsterkenntnis den Mörder seines Bruders mit dem Kainsmal erblickt, sondern zugleich im Spiegelbild auch seinen Zwillingsbruder selbst erkennt, der sich als bereits ausgelöschter Doppelgänger mit dem eigenen Ich-Bild verschränkt. Täter- und Opfer-Imago verschwimmen« (Baum 2017, S. 413). Das abgerungene Geständnis geht am Schluss mit einem schrillen Lachen des Wahnsinns einher, das die tödliche Rache des Vaters beendet.

Figurendeutungen der empathischen Beobachter Amalia und Ferdinando im Verbund mit der mündlichen wie mimischen Selbstoffenbarung Guelfos und Grimaldis stehen gegen die These mangelnder Psychologie, die durch Heinrich Christian Boies Wort von der »Überkraft« (Dokument 5) oder Gottfried August Bürgers Eindruck, es sei »kein einziger natürlicher Character drinn« – nicht zuletzt aufgrund »der übertriebenen Sprache« (Dokument 9) –, vorbereitet sein mag. In der Erstausgabe von 1776 ist die feinere Charakterisierung tatsächlich etwas unter der grellen und lauten Oberfläche verborgen. Klinger hielt dennoch daran fest und übernahm *Die Zwillinge* als einziges seiner Jugenddramen auch in die Werkausgabe von 1786 und die Auswahl von 1794. Als es 1809 um die Ausgabe letzter Hand ging, wünschte er sich den unveränderten Wiederabdruck »als Werk der Jugend Kraft, als wahrer Ausdruck der Leidenschaft« Guelfos. Doch dann heißt es im Brief an seinen Verleger Friedrich Nicolovius weiter: »Die umgearbeitete Ausgabe soll […] am Ende der Dramen, als psychologischer Comentar über diesen Charakter, mitgedrukt werden.« (HKA 2, S. XXXII) Bis heute gewirkt hat aber die frühe Fassung, sie gilt als Musterfall des Sturm und Drang und hat Klinger berühmt gemacht.

Inhalt

Anhang